JN185203

デービッド・アトキンソン

新・所得倍増論

潜在能力を活かせない「日本病」の正体と処方箋

東洋経済新報社

はじめに

日本は先進国でもっとも生産性が低く、もっとも貧困率が高い

日本政府は今、大変な政策分岐点に直面しています。それは、従来の日本型資本主義が時代に合わなくなっているにもかかわらず、いまだにその改革ができていないからです。

日本型資本主義を変えなければならない理由は、大きく分けて2つあります。

ひとつは、日本型資本主義が正常に機能しなくなっていること。その結果、日本の生産性は先進国の中で最も低く、それに比例して所得も最下位になってしまって、他の先進国に類を見ないほど極端な貧困率を抱えています。

生産性がきわめて低いことで、日本のＧＤＰは本来あるべき数値よりもかなり低くなっています。国の借金は対ＧＤＰで見るので、相対的に負担が重く、福祉制度が国にとって大きな重

荷となっていますが、これらはＧＤＰが本来の水準であれば、十分にまかなえる範囲のはずです。

もうひとつは、経営者と政府との間に、意識と方向性、モチベーションの大きな乖離が生まれており、その認識がいまだに不十分だということです。安倍総理は日本が抱えるさまざまな問題を解決しようと、「ＧＤＰを増やしてほしい、賃金を上げてほしい、頑張ってほしい」と仰っています。しかし、現状では経営者にとって国の借金問題や貧困率は他人事です。年金問題、医療費問題も定年後の労働者の問題であって、経営者の問題ではありません。仮にＧＤＰが安倍政権の目標である６００兆円にならなくても、経営者にとっては何のリスクもありません。だからこそ、アベノミクスの効果はまだ十分に出ていないのです。

なぜ生産性がこれほど低いのか

生産性の問題は、国にとってきわめて深刻な問題のひとつです。

日本は１９９０年、世界第10位の生産性を誇っていましたが、今では先進国最下位です。労働者ベースで見てもスペインやイタリアより低く、全人口ベースでは世界第27位です。１９９０年には韓国の２・４倍も高かった生産性が、今は１・04倍まで低下しています。このまま何も手を打たなければ、あと2〜3年で韓国に抜かれて、アジア第4位の生活水準にまで低下するでしょう。

なぜ、そうなったのでしょうか。これにも、2つの原因があると思います。

ひとつは、日本は世界ランキングに酔いしれて、実態が見えていない傾向があるということです。厳しい言い方をすれば「妄想」に浮かされているのです。

日本は、一見するとすばらしい実績を上げているように見えます。たとえば世界第3位のGDP総額、世界第3位の製造業生産額、世界第4位の輸出額、世界第6位のノーベル賞受賞数――枚挙にいとまがありません。

しかし、これらすべては日本の人口が多いことと深く関係しています。本来持っている日本人の潜在能力に比べると、まったく不十分な水準なのです。潜在能力を発揮できているかどうかは、絶対数のランキングではなく、「1人あたり」で見るべきです。それで見ると、1人あたりGDPは世界第27位、1人あたり輸出額は世界第44位、1人あたりノーベル賞受賞数は世界第39位。潜在能力に比べて明らかに低すぎる水準です。やはり、やるべきことをやっていないという問題以前に、世界ランキングに酔いしれて、何をやるべきかをわかっていないのではないかと思います。

2つ目は、人口減少問題です。言うまでもなく「GDP＝人口×生産性」ですので、日本人の数が減る中で経済成長するためには、生産性を上げるしかありません。本来なら、人口増加が止まった1990年には、「生産性向上型資本主義」を目指すべきでした。

1995年以降、日本経済が横ばいに推移している理由はここにあります。人数が増えていないのに、生産性も上げていないので、GDPは横ばいのままです。これに関しては、難解なデフレ論などの経済論は不要です。

分析してみてわかるのは、日本型資本主義は1977年以降、基本的には人口激増による人口ボーナスの恩恵を受けながら伸びてきた経済モデルだということです。1990年代に入ってから、日本型資本主義の基礎であった人口増が人口減に転じたことで、日本経済のあり方を全面的に変える必要がありましたが、いまだにその意識は足りないと感じます。だからこそ、経済は停滞したままなのです。

経営者の意識を変えれば問題は解決する

さて、正しい意識を持つことは大切ですが、より重要なことは、どうやったらこの問題を解決できるかです。実は、この答えも意外にシンプルです。

今までの日本的経営は、ものごとを管理することに重点が置かれてきました。意図的にGDPを増やしてきたというよりは、むしろ主に人口増という要因が働くことで、GDPが比較的容易に増えてしまった。経営手腕によってではなく、人口増という外部要因によって、結果的にGDPが増えて、株価も上がったと考えています。

このような状況であれば、人口増がストップすれば、GDPは増加しづらくなります。経営者は自然に増えるGDPを効率よく捌くのではなくて、本当の意味での賢い経営戦略によってGDPを上げていかないといけません。今までの受け身の経営では、賃金は上がりませんし、600兆円のGDPも実現できません。

生産性を上げるのは、労働者ではなく経営者の責任です。世界一有能な労働者から先進国最低の生産性しか発揮させていないという日本の経営の現状は、いかに現行の日本型資本主義が破綻しているかを意味しています。この経営者の意識改革は、喫緊の課題です。

幸いにも、日本人労働者の高スキル比率は世界一高いという事実があります。質が最高であるにもかかわらず、先進国の中で生産性が一番低いということは、「伸びしろ」がいくらでもあるということです。

とりわけ、日本とアメリカの生産性の格差のうち、45%は日本人女性の年収の低さに起因していることが本書の分析でわかりました。移民を迎えるかどうかを議論する前に、女性社員の働かせ方を含めた、労働者全体の生産性問題を早急に見直すべきでしょう。

政府が経営者に「時価総額向上」のプレッシャーをかける

海外の分析では、特に1980年以降、上場企業の経営者にプレッシャーをかけて株価を上げさせることで、GDPを増やせることが証明されています。

これまで日本の経営者、マスコミ、政府までもが、上場企業の時価総額を拡大させることに積極的ではありませんでした。特に、経営者は株式相場という、他者による評価を徹底的に否定してきました。政府を巻き込んで、株式市場からの攻撃を防ぐように、自分たちのやりたい放題を許してもらうように、株価のことだけは追及しないでくれと強調してきたことには、とても深い意味があります。

人口が増えていた1990年まではそれでよかったのですが、その後は何かよいことがあったでしょうか。

事実、1990年以降の日本企業の時価総額増加率は先進国最下位です。それは、GDPが伸びないことの結果なのか、それともGDPが伸びない原因なのか。私は海外の分析、一般常識、アナリストとしての長い経験を踏まえて、後者だと考えます。

アベノミクスはこれまで低金利、規制緩和などで、経営者のために最高の環境作りをしてきました。しかし、経営者はその期待に応えようとしないので、アベノミクス本来の効果が出ていません。これらの環境を積極的に使ってもらえないならば、半ば強制的に使わせるしかありません。

そこで日本政府に求められるのは、経営者が自らGDP増加に貢献しない場合、経営者という職を失う危険性を感じさせることです。それには公的年金などを通じて、経営者に対して「継続的に時価総額を増やせ」と迫ることが必要でしょう。従来のシェアホルダー・アクティビズムを防止する立場から、逆に政府自体がシェアホルダー・アクティビズムの政策を実施することです。

株価を上げさせることで、アメリカだけでなく諸外国は日本よりも顕著に実績を上げました。同様なことを、日本でも実行してみるしかないと思います。

GDPは1・5倍の770兆円に、平均所得は倍増

本来、経済学には国籍は関係ありません。日本は恵まれた環境に甘えて、独創的で、ある種妄想的な経済体制を作り上げました。それが日本型資本主義です。今の時代にそぐわない従来

のやり方は諦めて、なぜバブル崩壊後の「失われた20年」からいまだに脱却できないのかを真摯に受け止めて、地道に改善していかなくてはいけません。本書で詳しく説明しますが、日本はこの20年間、「日本型資本主義」の下で損ばかりしています。これを変えることによるマイナスの影響は、もはやないと思います。

日本はまだまだ、「成熟国家」ではありません。海外で立証された理論通りの経営をすれば、GDP770兆円、輸出額160兆円、農産物輸出8兆円という素晴らしい経済の繁栄が待っています。所得倍増も、決して夢の話ではありません。とくに女性の所得は、計算上2倍以上の増加率になります。税収も75兆円の増加が見込まれます。

日本の労働者の質はきわめて高く、長時間、一所懸命働いているにもかかわらず、もらうべき年収をもらえていません。所得倍増は、経営者がやるべきことをやりさえすれば、十分実現可能です。やるか、やらないか、それだけなのです。

これからの日本経済に何が必要で、どう改善していったらいいのか、本書を通して私なりに分析していきたいと思います。

2016年11月

デービッド・アトキンソン

目次

新・所得倍増論

デービッド・アトキンソン

第2章 「追いつき追い越せ幻想」にとらわれてしまった日本経済

第3章 「失われた20年」の恐ろしさ 83

第4章 戦後の成長要因は「生産性」か「人口」か 99

第6章 日本人は「自信」をなくしたのか

第7章

日本型資本主義は人口激増時代の「副産物」に過ぎない

189

第8章 日本型資本主義の大転換期 223

第9章 日本の「潜在能力」をフルに活用するには

第1章

日本はほとんど「潜在能力」を発揮できていない

建設的な議論を行う前提

本題に入る前に、まずお断りをします。この本の中には、日本の皆さんにとってかなり衝撃的な話、または不快になるような指摘がいくつも出てきます。ですが、読者の皆さんを挑発するために書いているつもりは毛頭ありません。あくまでも、日本経済を改善させるための建設的な議論に刺激を与えたい一心にすぎないのです。

先日、ネットで衝撃的な記事を読みました。

世界各国の観光情報が掲載された英文サイトで、さまざまな国が紹介され、初めて訪れる人のためにその国のマナーや文化の違いなどが細かく記述されていました。その中で「日本」を紹介するページに、さまざまなアドバイスの中で、何とも奇妙なアドバイスがあったのです。それをまとめると、こんな感じです。

「日本人と話したらかならず『日本はどうですか』と質問されます。尋ねている側は正直な評価を期待しているわけではないので、無条件に褒めてください。やや過剰でもいいでしょう」

これには本当に驚きました。たしかに、誰だって自分の国が褒められれば悪い気はしませんが、それを「国の特徴」として挙げることには、かなり違和感を覚えます。しかも、他の国にはこのようなアドバイスがないことを見ると、この記事の執筆者は「外国人に褒められることを求める」ことが、日本人だけに見られる「特徴」だと考えているのです。

ひどい偏見だと腹を立てる方もいるでしょう。ただ、冷静に考えてみると、外国人からそのようなイメージを抱かれてもしかたがない部分もあるように思います。

テレビや新聞では毎日のように「日本文化はすごい」「日本の技術は世界一」「世界が憧れる日本」などの情報があふれています。最近増加している訪日外国人観光客にマイクを向けて、「日本の素晴らしいところはどこですか」「どこに感動しましたか」と質問攻めにしている番組もよく見かけます。肯定されたい気持ちが強いのか、自信がややなくなっているのかはわかりませんが、このようなマスコミ報道や、最近多い日本を礼賛する本の内容に違和感を覚えます。

たしかにそう言われてみれば、私にも思い当たるふしがあります。

私はこれまでアナリストとして、日本の銀行、さらには日本経済について、客観的な事実を冷静に分析して、それを正直に書いてきたつもりでいます。しかし、人によってはそれをかなり痛烈な批判と受け止めるケースが多いのです。また、アナリストを辞めた後も、経済だけではなく文化財行政、そして観光立国推進について、いろいろ耳が痛いと言われる指摘をさせていただいています。つまり、「日本にやってきた外国人は無条件で日本のことを褒めるべき」というアドバイスと真逆のことを、26年も続けているのです。

そうやっていると、たしかにあまりよいことはありません。アナリスト時代には会社に右翼の街宣車が来て、会社から身の安全が保障できないと言われ、海外に身を寄せたこともあります。

私はアナリスト時代、日本経済の中でもとりわけ金融システムを、15年近く第一線で分析してきました。その中でかなり厳しい指摘をしてきた、と言われてきました。なぜそのような厳しいと言われる発言をしたかというと、「金融業界がやるべきことをやっていない」と感じたからにすぎません。指摘されたくないのなら、問題をあらため、指摘されないようにすればいいだけのことです。指摘されるような問題を放置したまま、指摘した人間を責めるという当時の日本社会のムードに首を傾げたものです。

現在も、ネットの記事や書籍で「提言」をさせていただく機会が多いのですが、そのたびにバッシングの嵐にさらされることもあります。

ただ、ここでひとつ誤解していただきたくないのは、私は「無条件で日本を褒めちぎる」ということをしていないだけで、決して日本を貶めようなどというつもりはないということです。私は経済分析において、客観的で中立的な視点が大事であるという「常識」に対して敬意を払いたいと思っているだけなのです。

自分としては、客観的な分析をした上で、建設的にその問題の解決のポイントを指摘させていただいているつもりです。「欧米の価値観を押しつけている」わけではありませんし、ましてや何か特定の思想信条に基づく「反日」などではありません。

表面的に見るとすごい国、日本

私の立ち位置をご理解いただいたところで、さっそく本題に入っていきましょう。

日本経済はたしかに世界ランキングで見るとすごい国です。皆さんが誇りをもっていることも、先ほど触れたようにメディアが「自画自賛」したくなる気持ちもわかります。

図表1-1にありますように、日本はGDPランキングで世界第3位の経済大国です。製造業生産額でも世界第3位、輸出額ランキングでは世界第4位です。研究開発費は世界第3位で、日本の技術力を支えています。

ノーベル賞でも日本の実績が上がっています。ノーベル賞受賞数を国別で見ると日本は世界第6位ですが、2000年以降で見れば世界第3位です。先進国で順位がここまで上がっているのは、珍しいことだそうです。他にもさまざまな世界ランキングで、日本は上位に位置してい

図表1-1　日本はさまざまなランキングで世界上位を占める（2015年）

順位	GDP ランキング	億ドル
1	アメリカ	179,470
2	中国	108,664
3	**日本**	**41,233**
4	ドイツ	33,558
5	イギリス	28,488
6	フランス	24,217
7	インド	20,735
8	イタリア	18,148
9	ブラジル	17,747
10	カナダ	15,505

製造業生産額 ランキング	100万ドル
中国	4,422,042
アメリカ	3,327,015
日本	**1,269,492**
ドイツ	1,084,533
ロシア	668,686
ブラジル	644,729
イギリス	618,481
韓国	563,946
インド	528,335
フランス	520,981

順位	輸出額 ランキング	億ドル
1	中国	22,700
2	アメリカ	15,980
3	ドイツ	12,920
4	**日本**	**6,240**
5	韓国	5,350
6	フランス	5,090
7	香港	4,994
8	オランダ	4,883
9	イタリア	4,546
10	イギリス	4,420

研究開発費 ランキング	億ドル
アメリカ	4,734
中国	3,447
日本	**1,708**
ドイツ	1,065
韓国	916
フランス	584
インド	479
イギリス	437
ロシア	426
カナダ	257

順位	ノーベル賞受賞数 ランキング	回
1	アメリカ	360
2	イギリス	130
3	ドイツ	105
4	フランス	62
5	スウェーデン	30
6	スイス	25
6	**日本**	**25**
8	カナダ	23
9	ロシア	23
10	オーストリア	21

（出所）世界銀行（GDP）、CIA（製造業生産額、輸出額）、国連（研究開発費）、worldatlas（ノーベル賞、2016年）データより筆者作成

ます。

これだけを見れば、日本は資源も少ない小さな島国でありながら、世界のランキングで高い位置を制覇しているのですから、その高い潜在能力を発揮しているととらえられてもおかしくはないでしょう。

高い世界ランキングの原動力は何か

このような世界ランキングでの高い評価がゆえ、その原動力を説明しようと、マスコミは技術大国、勤勉な労働者、社会秩序、教育制度、完璧主義、職人気質、ものづくりなどを取り上げてきました。しかし、「これだ！」という決定的な解説には、いまだに出会ったことがありません。

学生時代、オックスフォード大学日本学部で日本の戦後経済を研究していた私にとっても、なぜ日本が世界第2位の経済大国になったのかを、あくまでもデータをもとに説明することは大きな課題でした。当時は、そういった客観的な説明をしている論文はなかったのです。その後、1985年に初来日して、1990年から日本でアナリストとして活動している間も、なかなかその疑問に対する「答え」は見つけられませんでした。

図表**1-2**　高スキル労働者の構成比（2015年）

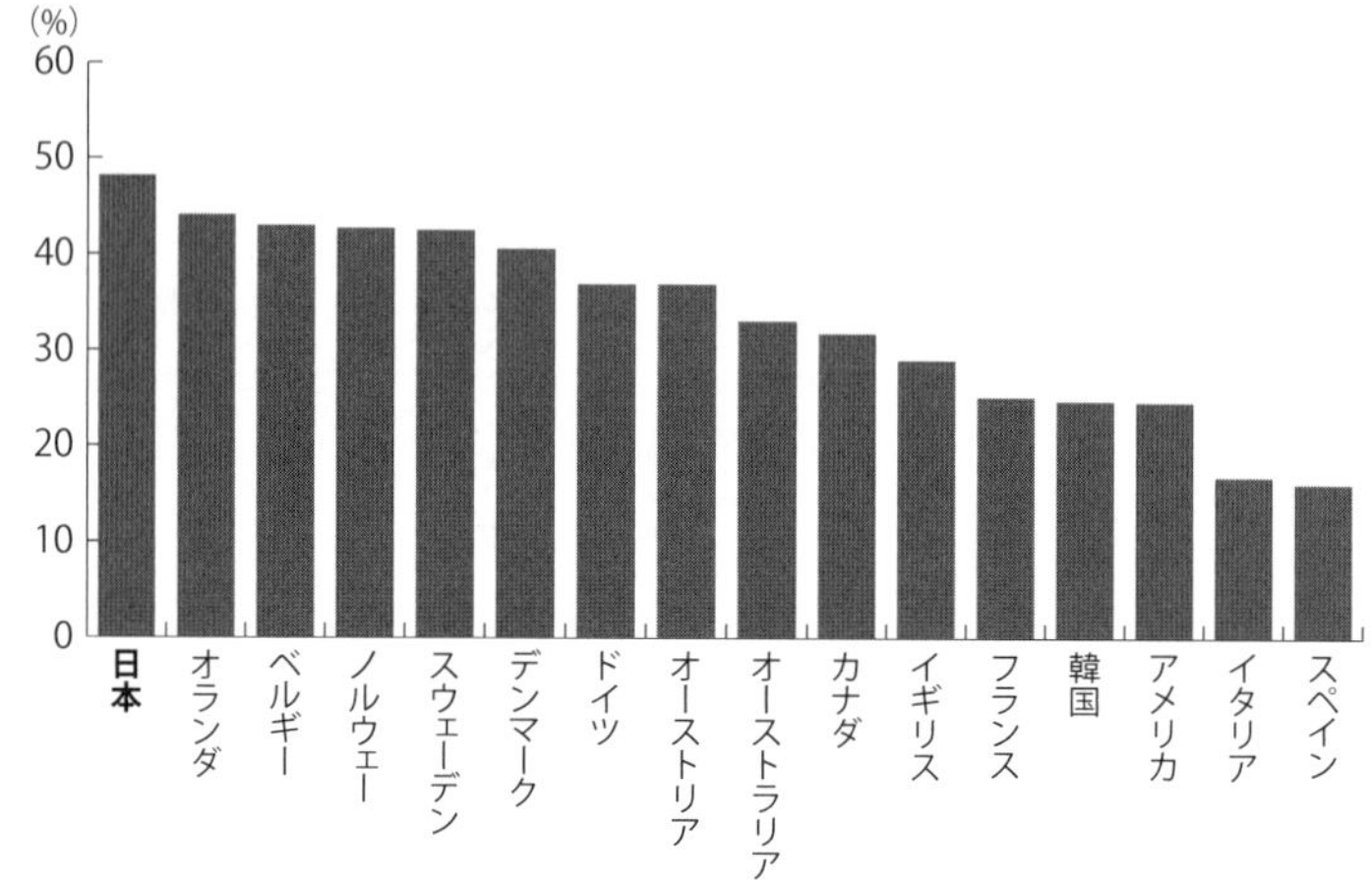

（注）主に数量的思考能力、識字能力、ITを使った問題解決能力などをベースに国連が算出したもの

（出所）国連データより筆者作成

なぜ第2位になったのかということに関して、これまでゴールドマン・サックス時代の顧客、エコノミスト、他のアナリスト、評論家、ジャーナリスト、私の発言に対して批判的なコメントをネットでされるような方たちとも意見を交わしてきました。しかし、ほとんどの人たちの口から出るのも、以下のような内容でした。

日本人特有の職人気質、トヨタの「カイゼン」に代表される日本人のものづくりにかける「こだわり」やチームワーク、あるいは手先が器用、発想がユニークなので西洋のものを真似してもやがて本家以上のものをつくってしまう——そのような話が次から次へと出てくるのです。

これらの評価はすべて客観的事実です。原動力として語られているものも、すべて日本の特徴と言っていいでしょう。このような潜在能力があることを、私は手放しで「賞賛」しています。

ゴールドマン・サックス時代も日本人スタッフと15年間共に働いて、日本人上司の部下を務め、日本人社員の上司を任されたこともあります。日本人の潜在能力が高いことは、よくわかっているつもりです。また、現在は70名を超える日本人社員がいる企業の経営をしていますが、そこでも日本人労働者の勤勉さにいつも驚かされています。実際、教育水準などのさまざまな尺度でも、日本は世界ランキングで高い水準にあることがわかっています。図表1-2にありますように、国連の調査によると、日本は労働人口に占める高スキル労働者の比率が世界一高い先進国でもあります。

実は高い潜在能力をほとんど発揮できていない

では、日本はその高い潜在能力を十分発揮しているでしょうか。答えは「ノー」です。日本は、その高い潜在能力を、ほとんど発揮できていません。

論理的には、「潜在能力が高い」ことと「潜在能力を発揮している」ことは、まったく話が違います。特に経済などにおける世界ランキングが高いからといって、日本の潜在能力が十分に発揮できていると結論づける理屈をよく目にしますが、これはかなり乱暴な話なのです。

国連が指摘するポテンシャルを「世界第3位の経済大国」という結果と強引に結びつけて、「秘めたままで活かされていない潜在能力」と「実績」を混同してしまうのは、厳しい言い方をすれば「妄想」です。

そのように指摘すると、「潜在能力を引き出しているから、世界第3位の経済大国にまで成長できたのだ」と反論をする方がいらっしゃるでしょうが、そもそもそれが根本的な勘違いなのです。

これは私がこれまでの著書や講演で繰り返し述べてきているので、すでに耳にした方もいるかもしれませんが、日本人の「日本経済」に対する認識においてきわめて重要なテーマなので、あらためてご説明しましょう。

日本経済の実績を「人口」と「生産性」に分けて考える

日本は現在、アメリカ、中国に次ぐ世界で3番目の経済大国ですが、最近まではナンバー2でした。明治時代以降、「西洋に追いつき追い越せ」と国を挙げた戦略を進め、欧州の多くの国を抜き去りました。これは歴然たる事実であり、多くの客観的なデータでも確認できます。

しかし、なぜ日本が世界第2位の座をつかむことができたのかということになると、途端にあやふやな話になりがちです。ここでは、第2位になったことで、日本の潜在能力がどこまで発揮できたと言えるかを問いかけていきます。同時に、もし仮に発揮できたと言うのなら、その結論はかなり乱暴であることを証明していきたいと思います。


そもそも、「GDPランキング」と技術力や職人魂云々などの要素はイコールではありません。世界のGDPランキングで第何位という評価は言わずもがな、経済の「絶対量」です。それは簡単に言ってしまえば、先進国の中では「人口」なのです。世界のGDPランキングは絶対額ですし、GDPは「人口×生産性」ですから、もし生産性が同じA国、B国があり、A国の人口がB国の人口の2倍だったとすれば、当然A国のGDPはB国を上回ります。B国がGDPでA国を追い抜かすには、生産性をA国の2倍にまで高める必要があります。両国が大手の先進国であるならば、それはほとんど不可能と言っても過言ではありません。

図表1-3を見ていただければわかりやすいと思いますが、先進国におけるGDPランキングは、ほぼ完全に人口ランキングと対応しています。なぜこのような結果になるのかというと、一流の先進国同士では、生産性に差はあるものの、それは人口の差を上回るほどではないため、

図表1-3　先進国のGDPランキングは人口ランキングに対応（2015年）

順位	GDPランキング	GDP（億ドル）	人口（万人）
1	アメリカ	179,470	32,412
2	中国	108,664	138,232
3	**日本**	**41,233**	**12,632**
4	ドイツ	33,558	8,068
5	イギリス	28,488	6,511
6	フランス	24,217	6,467
7	インド	20,735	132,680
8	イタリア	18,148	5,980
9	ブラジル	17,747	20,957
10	カナダ	15,505	3,629

（出所）世界銀行（GDP）、国連（人口）データより筆者作成

人口こそがGDPランキングの高低にもっとも影響を及ぼしているからです。

たとえば日本の人口はイギリスのおよそ2倍、ドイツの1・6倍程度ですので、当然、絶対水準であるGDP総額ではイギリスやドイツを上回ります。仮にイギリスが日本以上に技術力を高めたとしても、これを覆すことは簡単ではありません。人口が約半分ということは、生産性を日本人の2倍にしないかぎり、GDP総額で日本を上回ることはできないのです。

技術力や国民の教育など、ベースの部分では大きな差異のない先進国において、GDPランキングは主に「人口」に左右されます。これは動かしがたい事実です。

その事実から、日本が世界第2位の座についた理由を考えれば、答えは明らかです。当時の

先進国の中で、日本より人口の多い国はアメリカだけしかありませんでした。欧州には1億人国家はひとつもありません。また、当時の日本は他の先進国と同じくらいの生産性を達成していました。

もうおわかりでしょう。日本が世界第2位の経済大国になったのは、日本の人口が他の先進国と比較して相対的に多かったからです。「技術力が他の先進国を上回ったから」「日本の高い潜在能力を発揮できたから」というのは、科学的根拠のない不適切な説明と言わざるをえないのです。言うまでもなく、これはあくまでも先進国の中での話です。

先進国GDPランキングは98%、人口要因で説明できる

そこで、あらためて日本の生産性を見てみましょう。

先進国のGDP総額の順位はアメリカ、日本、ドイツ、イギリス、フランス、イタリア、カナダ、韓国、オーストラリア、スペイン、オランダ、スイス、台湾、スウェーデンと続きます。これはあくまでも、1人あたり生産性が2万5000ドル以上の国に限定したランキングです。

このランキングに出てくる国のGDPと人口の相関をとると、実に98%という高い相関係数が見られました。

世界には先進国もあれば、途上国もあります。また、中国のように、人口が多いだけで先進国並みの巨大経済圏になっている途上国もあらわれてきたことで、この「経済大国＝先進国」という相関関係が崩れてきているのも事実です。人口の多い途上国まで含めますと当然、GDPと人口の相関関係は低下しますが、それでも49％というそれなりに高い相関係数が確認されます。

このように人口とGDP総額に密接なつながりがあることは、さまざまなデータが裏づけている事実ですが、一方で生産性とGDP総額の相関関係はそれほど強くありません。

中国のように、人口が圧倒的に多いものの生産性が低い国もあれば、シンガポールのように、人口は少ないながらも生産性が際立って高い国もあります。また、イギリスのように、人口もそこそこ多く生産性もそこそこ高い国もあります。欧州を見渡すと、人口の少ない国の生産性が平均より高くなるという傾向は確認できますが、それでも相関関係というほどではありません。言うまでもなく、人口が多いというだけでは経済大国にはなれませんが、生産性が同じくらいの国同士を比べれば、人口の多い国のほうがGDPランキングは高くなるのです。

中国は人口で世界第2位の経済大国になった

もちろん、日本の技術力を否定しているわけではありません。ただ、技術力は「世界第2位の経済大国」を生み出した数多くあるパーツのひとつにすぎず、他の先進国を引き離した「主たる勝因」と言うには十分な因果関係がないと申し上げているのです。要するに、技術力は「世界第2位」の支持要因ではありますが、決定要因ではないということです。

日本は世界で13カ国しかない1億人超えの人口大国で、図表1-4にあるように、人口ランキングでは世界第11位です。先進国の中では、アメリカに次いで第2位です。GDPランキングでも、世界で上位に入りやすいのは当然でしょう。「世界第2位の経済大国」と1億人超の「人口」は、十分に因果関係が認められます。

この分析が妥当であるということは、先ほど述べた「中国が世界第2位の経済大国になった」という事実が証明しています。現在、中国の生産性を見ると、「先進国」とは決して言いがたい数字です。にもかかわらず、日本のGDPを上回って「経済大国」になった理由は「人口」しかないのです。

中国の人口は、日本のおよそ11倍ですので、極端な話、生産性が日本の10分の1に届くだけ

図表1-4　世界人口ランキング（2016年）

順位	国名	人口（万人）
1	中国	138,232
2	インド	132,680
3	アメリカ	32,412
4	インドネシア	26,058
5	ブラジル	20,957
6	パキスタン	19,283
7	ナイジェリア	18,699
8	バングラデシュ	16,291
9	ロシア	14,344
10	メキシコ	12,863
11	**日本**	**12,632**
12	フィリピン	10,225
13	エチオピア	10,185
14	ベトナム	9,444
15	エジプト	9,338

（出所）国連データより筆者作成

で、経済の「絶対量」で日本を追い抜かすことができるのです。こうして中国は「先進国ではないのに経済大国」という、20世紀以降では初めての国になったわけです。これはやがてその2番目の国になるであろう、インドにもあてはまる特徴です。

最近はGDPランキングの常識が変わってきました。これまでのGDPランキングでは、先進国が上位を占めて、その中の差異を決定づけるのは「人口」でした。しかし、それがこの数年で大きく変わったのです。中国、インドのように個々の要素では「先進国」という評価ができない国が、圧倒的な「人口」をよりどころにして、ランキングの上位に入ってくるようになってきたのです。この傾向は今後さらに加速していくでしょう。

中国が日本のGDPを上回って世界第2位になったとき、「中国の技術力が日本より優っている」「中国人は日本人よりも勤勉だ」などと言う人はいませんでした。人口という絶対数が影響を及ぼしているのが明らかだからです。

しかし、その一方で、日本が欧州各国のGDPを上回って世界第2位になった理由はという話になった途端、なぜか「日本の技術力が欧州よりも優っている」「日本人は欧州人よりも勤勉だ」という説明になりがちです。

ここには大事なポイントがある気がします。日本の一部マスコミは「中国の繁栄はバブルで、やがて崩壊する」「中国の経済成長には実体がない」などと批判していますが、これは日本人の多くが、「経済大国=技術力や勤勉さ」など、その国の人々の資質や社会が影響していると勘違いしているからでしょう。

中国の14億人という人口は揺るぎない事実です。そして「経済大国=人口」ということをふまえれば、中国の経済の「絶対量」が日本を追い抜かして世界第2位になるのは当然です。ここにはバブルだとか、独裁国家だなどということは関係ありません。客観的な数字という事実です。それを認めようとしないとすれば、やはり多くの日本人が、自分たちが「世界第2位」

になった要因を根本から勘違いしているからとしか思えません。

先ほどから申し上げてきたように、「技術力」や「労働者の勤勉さ」など、日本がもつ「潜在能力」に疑いの余地はありません。それはいくつかの企業によっても証明されています。しかし、経済における「実績」は、それらの「潜在能力」と見合ったものではありません。

潜在能力の発揮度合いは「1人あたり」で見るべき

そこで次は、これまで一般的にあまり使われてこなかったデータで、日本経済の実態を紐解いていきましょう。日本が潜在能力を発揮できているかどうかを見るには、その「中身」を検証する必要があります。

経済は人口と生産性から構成されます。これまで述べてきたように、先進国の経済の「絶対量」に影響を及ぼすもっとも重要な要素は人口です。一方、生産性は、いわば経済の「中身」ですから、それが日本人1人ひとりの潜在能力が発揮されているかどうかを見る尺度になります。そこで、ここからは「中身」を細かく見ていきましょう。

まず、日本人の生産性に注目していきましょう。皆さんは、日本人の生産性は、世界でどのくらいのポジションに位置づけていると思いますか。

これはまったく科学的な調査ではありませんが、一昔前に大学での講演会、経済同友会、経団連に入っている企業の経営者、霞が関の高官、ゴールドマン・サックス時代の顧客などに同じ質問をしたところ、もっとも多かった答えは「第3位」。低いところでは「第7位」でした。トップテンと言う方がほとんどでした。

しかし、残念ながら現実は、世界で第27位です。2年ほど前、これはかなり衝撃的に受け止められました。いまでは、ある程度意識されるようになってきているようです。

図表1-5をご覧ください。これは購買力調整後の生産性のランキングです。特に円は非常に価格変動が激しいので、為替などの影響を排除する購買力調整は必要です。

この「第27位」というポジションをふまえ、考えるべきいくつかのポイントがあります。

まず大前提として、「第27位」というのは実績であり、日本の潜在能力ではありません。潜在能力が高いにもかかわらず、それを発揮できていないということを象徴する順位だと言えるでしょう。

日本という潜在能力の高い先進国が、なぜここまで顕著に生産性が低いのでしょうか。検証しないまま、その主たる理由が「日本社会が非効率だから」という結論にもっていくのは、か

図表1-5　生産性ランキング（購買力調整後、2015年）

順位	国名	1人あたりGDP（ドル）	順位	国名	1人あたりGDP（ドル）
1	カタール	132,099	15	スウェーデン	47,922
2	ルクセンブルク	98,987	16	オーストラリア	47,389
3	シンガポール	85,253	17	オーストリア	47,250
4	ブルネイ	79,587	18	ドイツ	46,893
5	クウェート	70,166	—	台湾	46,783
6	ノルウェー	68,430	19	アイスランド	46,097
7	アラブ首長国連邦	67,617	20	デンマーク	45,709
8	サンマリノ	63,104	21	カナダ	45,553
9	スイス	58,551	22	オマーン	44,628
—	香港	56,701	23	ベルギー	43,585
10	アメリカ	55,805	24	フランス	41,181
11	アイルランド	55,533	25	イギリス	41,159
12	サウジアラビア	53,624	26	フィンランド	41,120
13	バーレーン	50,095	**27**	**日本**	**38,054**
14	オランダ	49,166	28	韓国	36,511

（出所）IMFデータより筆者作成

なり乱暴でしょう。

そこで、まずは表面的な日本の生産性を分解して、先進国のそれと比較して、どのような違いがあるかを考えていきたいと思います。

この比較をしていく上で注意すべき点は、そこには日本経済の特殊要因があるかもしれないということです。まずはこの要因を検証しつつ、この国際比較が単純すぎるかどうかを確認してみる必要があります。

実はイタリア、スペインより低い日本の生産性

まず、1人あたりGDPは、GDP

を総人口で割った数値です。そうなると当然、日本の場合は高齢者の影響が考えられます。

生産活動をしていない比率、特に引退した高齢者の比率が高くなると、GDPに対する貢献は減っているのに、人口としては1人としてカウントされますので、結果として1人あたりGDPを下げる要因になります。先進国であるにもかかわらず生産性が「第27位」なのは、日本は世界一のスピードで高齢化が進行しているからではないのかという指摘はよく出てきます。講演などでも、よく皆さんから質問を受けます。

そこで、この仮説を客観的に検証してみましょう。世界銀行の2014年のデータによると、日本は65歳以上の比率が26%です。アメリカはいまだに人口が増え続けている国なので、65歳以上の比率は際立って低く、あまり参考になりませんが、他の先進国はおおむね20%前後になっています。

先進国の中で、日本と並んで深刻な高齢化が進行しているイタリアやスペインと比較しましょう。イタリアの高齢化は、日本と比較してやや遅れているくらいで、かなり進行しています。1人あたりGDPのランキングでは、イタリアが第31位、スペインが第32位となっています。

これだけを聞けば、高齢化と生産性の低さには因果関係があるようにも見えますが、実際のところは、そこまでの影響はありません。

イタリアとスペインの生産性が低い最大の理由は別にあります。世界銀行によれば、イタリ

図表1-6　先進国の労働者1人あたり生産性ランキング（2015年）

順位	国名	労働者1人あたりGDP（ドル）
1	ノルウェー	137,327
2	アメリカ	125,450
3	スイス	109,786
4	ベルギー	108,501
5	フランス	103,621
6	オーストラリア	102,841
7	スウェーデン	102,240
8	オランダ	101,803
9	イタリア	98,925
10	デンマーク	98,511
11	オーストリア	97,541
12	ドイツ	96,930
13	フィンランド	95,284
14	スペイン	94,885
15	カナダ	92,400
16	イギリス	90,198
17	**日本**	**87,006**
18	ギリシア	83,827

（出所）国連データより筆者作成

アの失業率は12・5％、スペインは24・7％です。日本の失業率が3％台ということを考えると、イタリア、スペインのポジションと日本のポジションを、ただ「高齢化」という共通点だけでとらえるのは、かなり危ういものがあります。

実際、国連が各国の「労働人口比率」と、そのうちの実際に仕事に就いている人の比率を出していますので、それを用いて、各国の特殊要因を調整することができます。この数値で各国のGDPを割ってみると、日本の労働人口1人あたりGDPのランキングは「第27位」よりもさらに低下します。先進国の中では、イタリアやスペインを下回って、一流先進国とは言い難いギリシアより多少上になるくらいでした（図表1－6）。2016年8月にこの分析をしたときは、自分が間違えたのではないかと思って3回くらいやり直しました。私にとっても、それほど衝撃的な結果だったのです。

皆さんはそのようなポジションを聞いても、「それは日本の本当の実力ではない」と感じることでしょう。私も同じです。これはあくまで「実績」であって、日本が有している「潜在能力」（＝実力）ではありません。「日本は潜在能力を発揮できていない」という私の主張が、ご理解いただけたのではないでしょうか。

日本の生産性は全米第50位のミシシッピ州より多少高い程度

別の切り口として、アメリカの州別の生産性と日本の生産性を比較してみると、もっと衝撃的な事実が浮かび上がりました（図表1－7）。

これもさまざまな人に聞きますと、「第5位くらいだろう」「第10位くらいでは」などという

図表**1–7**　アメリカの州と主な先進国の生産性比較（購買力調整済み、2015年）

順位	州名、国名	1人あたり総生産（ドル）	順位	州名、国名	1人あたり総生産（ドル）
1	ノースダコタ	72,719	30	インディアナ	47,488
2	アラスカ	71,671	31	ネバダ	47,354
3	ワイオミング	69,993	32	ユタ	46,741
4	コネチカット	69,167	33	ジョージア	46,689
5	ニューヨーク	69,158	34	バーモント	46,687
6	マサチューセッツ	67,515	35	オクラホマ	46,093
7	デラウエア	66,085	36	ミシガン	45,988
8	ニュージャージー	61,403	37	テネシー	45,755
9	ワシントン	59,460	38	ミズーリ	45,721
10	カリフォルニア	58,901	—	ドイツ	45,802
11	テキサス	58,748	—	スウェーデン	45,183
12	メリーランド	58,095	—	デンマーク	44,916
13	ミネソタ	57,569	39	ニューメキシコ	43,159
14	ネブラスカ	57,067	—	ベルギー	42,578
15	コロラド	56,696	40	アリゾナ	42,526
16	イリノイ	56,480	41	ケンタッキー	42,088
17	バージニア	55,670	42	フロリダ	42,021
18	オレゴン	54,958	43	モンタナ	41,772
—	平均	54,629	44	アラバマ	40,911
19	アイオワ	53,362	45	メイン	40,581
20	ニューハンプシャー	53,261	46	アーカンソー	40,200
21	ハワイ	53,161	47	ウエストバージニア	40,003
22	サウスダコタ	51,642	—	イギリス	39,762
23	ロードアイランド	51,445	48	サウスカロライナ	39,506
24	ペンシルベニア	51,314	—	フランス	38,847
25	ウィスコンシン	50,118	49	アイダホ	38,607
26	ルイジアナ	50,085	**—**	**日本**	**36,426**
27	オハイオ	49,049	—	ニュージーランド	36,390
28	カンザス	48,879	50	ミシシッピ	34,784
29	ノースカロライナ	47,839	—	イタリア	34,706

（出所）世界銀行、アメリカ商務省統計局データより筆者作成

答えが返ってきますが、残念ながら現実はもっと厳しいです。日本の生産性は、アメリカの全50州の中で第49位と第50位の間。ミシシッピ州より少しだけ高いくらいなのです。

アラスカ、ネブラスカなどは豊富な資源がありながら人口が少ないということで、どうしても生産性が高くなりますが、それ以外の州も皆それなりに高いことに驚きます。これも購買力調整ベースですので、通貨価値の違いなどでは説明がつきません。「日本の生産性はミシシッピ州並み」という厳しい現実も受け入れる必要があるでしょう。

輸出額は世界第4位、でも1人あたりで見ると「世界第44位」

これから、こういった「実績」を次から次へとご紹介していきます。さまざまな分野で認められている潜在能力の高さ、日本人が感じているポジションと比べて、「実績」がともなっていないことにショックを受ける方もいらっしゃるかもしれません。しかし、ここではむしろ逆にチャンスであると考えていただきたいのです。

潜在能力の高さに見合わない「実績」しか出ていないということは、実力を出し切っていない、つまりまだ成長の「伸びしろ」があるということだからです。

そのような前向きな気持ちで、さらに日本の生産性について、もう少し細かいところに目を向けていきましょう。

アメリカの中央情報局（CIA）によりますと、2015年の日本の輸出額は世界第4位です。この評価をもとにして、「いまだにメイド・イン・ジャパンは世界で高く評価されている」という主張をされている方も多くいます。

もちろん、「世界第4位」というポジションは素直に素晴らしい実績だと評価すべきですし、このデータを主観的な視点で分析すれば、そのような主張へと結びつくのはよくわかります。

しかし、このデータを客観的に見てみると、やや違った景色が見えてきます。

たしかに、日本は輸出の絶対額では「世界第4位」です。しかし、図表1-8をご覧になっていただければわかるように、その輸出額は、ドイツの輸出額の48・3％と、おおよそ半分にすぎません。日本の人口はドイツの約1・6倍であるにもかかわらずです。

隣の韓国とも比較してみましょう。日本の輸出額は韓国の1・17倍です。日本の人口は韓国のおよそ2・5倍もあるというのに、です。

何を言わんとしているのか、もうおわかりでしょう。経済は人口と生産性によって構成されます。約1億3000万の人口を擁するこの国の経済規模から考えると、「世界第4位」という輸出額は、それほど高い実績だと考えることはできないのです。

図表**1-8**　輸出額ランキング（2015年）

順位	国名	輸出額（10億ドル）	人口（100万人）
1	中国	2,270.0	1,376.4
2	アメリカ	1,598.0	323.4
3	ドイツ	1,292.0	81.8
4	**日本**	**624.0**	**127.0**
5	韓国	535.0	51.6
6	フランス	509.0	66.7
7	香港	499.4	7.3
8	オランダ	488.3	17.0
9	イタリア	454.6	60.7
10	イギリス	442.0	65.1
11	メキシコ	430.9	122.3
12	カナダ	428.3	36.0
13	シンガポール	384.6	5.5
14	ロシア	337.8	146.5
15	アラブ首長国連邦	323.8	9.9
16	インド	287.6	1,288.6
17	ベルギー	281.7	11.3
18	スペイン	277.3	46.4
19	スイス	270.6	8.3
20	台湾	262.6	23.5

（出所）CIA データより筆者作成

ここで再び「中身」に目を向けましょう。日本では、「1人あたりの輸出額」というデータを見たことがありませんが、海外にはそのようなランキングが存在します。そこで、最新のデータをもとにして私が算出し直したものが図表1-9です。驚かれるのではないでしょうか。世界の上位100カ国の中で、総輸出額では第4位の日本が、1人あたり輸出額となると「第44位」に転落しているのです。

その一方で、「アメリカだって第43位なのだから、1人あ

図表1-9　1人あたり輸出額ランキング（2015年）

順位	国名	1人あたり輸出額（ドル）	順位	国名	1人あたり輸出額（ドル）
1	シンガポール	69,485	26	バーレーン	10,022
2	香港	68,184	27	ハンガリー	9,933
3	ルクセンブルク	36,272	28	オマーン	8,839
4	アラブ首長国連邦	32,853	29	オーストラリア	7,661
5	スイス	32,504	30	フランス	7,634
6	カタール	30,376	31	赤道ギニア	7,501
7	アイルランド	30,289	32	イタリア	7,492
8	オランダ	28,708	33	ニュージーランド	7,325
9	ベルギー	24,896	34	サウジアラビア	6,903
10	ノルウェー	20,368	35	イギリス	6,790
11	プエルトリコ	19,628	36	ラトビア	6,776
12	デンマーク	16,488	37	イスラエル	6,618
13	オーストリア	16,253	38	マレーシア	6,586
14	ドイツ	15,800	39	トリニダード・トバゴ	6,456
15	スウェーデン	15,314	40	スペイン	5,973
16	クウェート	13,656	41	ポルトガル	5,513
17	スロバキア	13,648	42	ポーランド	4,943
18	スロベニア	13,566	43	アメリカ	4,941
19	チェコ	12,678	44	**日本**	**4,914**
20	フィンランド	12,180	45	トルクメニスタン	4,428
21	カナダ	11,881	46	パナマ	4,155
22	台湾	11,176	47	メキシコ	3,524
23	リトアニア	10,741	48	ブルガリア	3,401
24	韓国	10,371	49	チリ	3,398
25	エストニア	10,213	50	タイ	3,300

（出所）CIAデータより筆者作成

たりの輸出額など気にしなくていい」という反論も出てくるでしょう。

たしかに、これまで日本経済はアメリカとともに歩み、その背中を追いかけてきたと言っても過言ではありませんので、そのような反論も一定の説得力があります。しかし、これからの日本が置かれる状況を考えると、アメリカと自分たちを重ねることは必ずしも適当ではないと言わざるをえません。

まず、最大の理由は「人口」です。日本が急速に少子高齢化しており、これから人口が減少していくのに対し、アメリカはいまだに人口増加が継続しています。3億2000万もの人口を抱えたアメリカ経済は輸出に依存することなく、内需だけでも十分成長できます。

また、「アメリカの世界に誇る技術」などという自慢をあまり聞かないように、アメリカは日本のように「ものづくり」を売りにしていません。つまり、日本が自らの進むべき道を考えたとき、比較する相手としては適当ではないのです。

では、どこと比較するのが適当なのでしょうか。同じような生活水準、教育水準をもつ先進国で、同じくらいの人口を擁するとなると、やはり欧州でしょう。30年後の日本を見据えたら、中国、インド、アメリカなどの人口大国のグループではなく、欧州のグループに収斂することは間違いありません。中でも、世界から「技術大国」という評価を受けているドイツと比較するのが妥当だと思われます。

そうなると、先ほども申し上げたように、日本の人口はドイツの1・57倍なのに、輸出額はドイツの48・3%しかありません。1人あたり輸出額で見ると、日本はドイツの3分の1ほどです。他の欧州各国の1人あたり輸出額も、日本とアメリカのかなり上をいっています。

テレビでは「日本の技術は世界一」だとふれまわっています。さらに、「ものづくり大国」として単純に技術力が高いだけではなく、日本人の給料も先進国の中でかなり割安になっています。さまざまな面で優位性がありますので、理屈としては輸出額がかなり高い水準にあるはずです。

しかし、現実はそうなっていません。マスコミや評論家の皆さんが声高に主張されているように、日本が世界に誇る技術大国であれば、このようなポジションであるはずはないのです。ひとつだけはっきりと断言できるのは、「日本の技術は世界一」という意識と、輸出額という現実の間にはあまりにも大きなギャップがあり、多くの日本人はそのギャップが存在することにすら気づいていないということです。

中には、これだけ高い技術がありながらも輸出に依存していないのが日本の素晴らしい点だと正当化する人がいます。しかし、ここまで相対的貧困率が悪化し、国の財政状況も苦境に追いやられている中で、そのような理屈はただの「屁理屈」にしか聞こえません。

では、なぜ日本の1人あたり輸出額は低いのでしょうか。考えられる答えは2つしかありません。ひとつは、「技術がある」ということ自体が妄想で、日本には世界に求められる技術がそこまでない。そしてもうひとつは、高い技術力はもっているものの、それをしっかりと世界に売り込めていない、ということです。

前者が間違いだというのは、私も26年間日本で暮らしてよくわかっています。日本には他国が真似できない独自の技術が多く存在しています。そうなると、やはり考えられるのは、後者。つまり、論理的に考えていくと、やはり日本は高い潜在能力を有しているものの、それを発揮できていない、という結論になるのです。

しかし、このような認識は日本では一般的ではありません。私自身、このような分析結果を人前でお話しするたび、「反日イギリス人だ」とか「データを恣意的に解釈している」などと反発を受けます。

これにはやはり、冒頭でも触れたマスコミの論調の影響が強いと考えています。

日本のマスコミは「一部の特異なケースだけを取り上げて、あたかもそれがすべてであるかのように報じる」ことが多いと感じます。一部の日本企業の実績が優れているだけなのに、すべての日本企業の実績が優れていると置き換えてしまうところなどが、まさに典型です。

さらに、希望的観測というか、「願望」をあたかも事実のように報じてしまう傾向も強いです。マスコミにかぎらず、日本では「そうであってほしい」という願望が強すぎて、望む結論へ導くためにデータや根拠をうやむやにしてしまう風潮があるように感じます。そういう妄想が、自分の潜在能力を理解せず、やるべきことができていないことにつながっていると思います。

研究開発費は世界第3位、でも1人あたりで見ると「世界第10位」

生産性の低さを考える上で、日本の研究開発費をあらためて見てみましょう。日本の研究開発費の総額は1708億ドル。これは世界第3位で、アメリカの36・1%です。対GDP比率では日本は3・6%。韓国、イスラエルに続いて、こちらも世界第3位です（図表1–10）。

総額で見るとアメリカよりかなり少ないですが、対GDP比率で見るとアメリカの1・3倍となっています。アメリカは、世界第11位でした。

この3・6%という比率を見ると、やはり日本の研究開発力はすごいという結論になるのでしょう。実際に、先進国の中で断トツトップですから、エコノミストのレポートや経済誌などで

図表1-10　研究開発費ランキング（GDP対比、購買力調整済み、2015年）

順位	国名	研究開発費（10億ドル）	GDP対比（%）
1	韓国	91.6	4.29
2	イスラエル	11.2	4.11
3	**日本**	**170.8**	**3.58**
4	フィンランド	7.0	3.17
5	スウェーデン	14.2	3.16
6	デンマーク	7.6	3.05
7	台湾	32.4	3.01
8	オーストリア	10.9	3.00
9	スイス	13.1	2.97
10	ドイツ	106.5	2.84
11	アメリカ	473.4	2.74
12	ベルギー	11.9	2.47
13	スロベニア	1.5	2.39
14	フランス	58.4	2.26
15	オーストラリア	23.3	2.12
16	中国	344.7	2.05
17	シンガポール	8.7	2.00
18	チェコ	6.3	2.00
19	オランダ	16.0	1.97
20	アイスランド	0.3	1.89
21	ノルウェー	5.9	1.71
22	イギリス	43.7	1.70
23	カナダ	25.7	1.61
24	アイルランド	3.6	1.52
25	エストニア	0.5	1.43
26	ハンガリー	3.4	1.37
27	イタリア	27.4	1.29
28	ポルトガル	3.6	1.29
29	ルクセンブルク	0.7	1.26
30	スペイン	19.2	1.22
31	ロシア	42.6	1.19
32	ニュージーランド	1.8	1.17
33	ブラジル	35.4	1.15
34	マレーシア	7.6	1.13
35	トルコ	15.3	1.01
36	ポーランド	9.0	0.94
37	インド	47.9	0.82
38	メキシコ	11.6	0.54

（出所）国連データより筆者作成

はこの比率がよく取り上げられ、「日本の技術力は依然、世界で優位にある」と結論づけられています。

では、少し視点を変えて、「1人あたり」で考えてみましょう（図表1-11）。日本の1人あたり研究開発費は1344・3ドルで、世界第10位。ドイツの1313・5ドルとほぼ同じとなっています。アメリカは1人あたりで見ると世界第5位です。

日本より順位の高い9つの国々を見てみると、ほと

図表1-11　1人あたり研究開発費ランキング（2015年）

順位	国名	1人あたり研究開発費（ドル）
1	スイス	1,647.9
2	シンガポール	1,608.9
3	韓国	1,518.5
4	スウェーデン	1,461.0
5	アメリカ	1,442.5
6	オーストリア	1,416.1
7	台湾	1,383.8
8	イスラエル	1,361.6
9	デンマーク	1,361.5
10	**日本**	**1,344.3**
11	ドイツ	1,313.5
12	フィンランド	1,290.6
13	ルクセンブルク	1,226.4
14	ノルウェー	1,145.2
15	ベルギー	1,063.4
16	オーストラリア	986.9
17	オランダ	946.3
18	フランス	914.5
19	アイスランド	832.6
20	アイルランド	779.0
21	カナダ	724.9
22	スロベニア	712.6
23	イギリス	677.4
24	チェコ	600.0
25	イタリア	452.1

（出所）国連データより筆者作成

んどが1人あたりGDPの多い国、つまり生産性の高い国ばかりです。日本全体の生産性が「第27位」ということと比較すれば、研究開発費の「第10位」というのは決して悪い数字ではなく、むしろかなり善戦していると言えなくもありません。

このように「1人あたり」で見ても、日本の研究開発はそれなりに優位性があるという結論に至ります。ただ、客観的に見れば、総額であるGDP世界第3位ほどの優位性はなく、絶対数と生産性の間にややズレがあることは否めません。

研究開発費がGDPに占める3・6%という高い比率については、後ほど詳しく検証していきたいと思います。

ノーベル賞受賞数はこれで十分か

さて、日本の潜在能力と実績の間にあるギャップを考える上で、実はもうひとつ最適な事例があります。

ノーベル賞です。

日本はこれまで、ノーベル賞を25回受賞しており、そののべ数は世界第6位です。特に2000年以降で見ると世界第3位です。

ただ、これも「中身」で考えていくと、やや異なる景色が見えます。イギリスは２０００年以降、ノーベル賞の受賞は25回、イギリス生まれに限定すれば18回になります。それに対して日本は17回。日本にはイギリスの倍の人口がいます。教育水準が同じだとすれば、イギリスを超え、引き離していてもおかしくはないはずです。日本の潜在能力からして、なぜ「17回ぽっち」で喜んでいるのでしょうか。

そう聞くと、私がイギリス人だから勝ち誇っていると思う方もいるかもしれませんが、そのような狭い了見で論じているわけではありません。日本の教育水準、科学分野の潜在能力を考えれば、もっと多くのノーベル賞がとれていてもおかしくないと申し上げているのです。

実際、イギリスのＢＢＣが過去、「１人あたりノーベル賞ランキング」をまとめて紹介したことがあります。皆さんは、日本は何位くらいだと思いますか。

先日、京都大学で講演させていただいたとき、学生たちに同様の質問をしたところ、出てきた答えは、やはりだいたい第10位以内。一番低い答えは第23位でした。平和賞や文学賞などはやはり日本人の受賞は難しい一方で、科学分野では世界をリードしているのでトップ10圏内に入るだろうが、全分野を平均するとそんなものだろうという意見が多かったように思います。

しかし、日本の「１人あたりノーベル賞ランキング」は第39位です（図表1－12、見やすさのため図表では１０００万人あたりで表記）。世界をリードしている、と多くの日本人が考えている「科

図表1-12　1000万人あたりのノーベル賞受賞数ランキング（2016年まで）

		数	人口	1000万人あたり数			数	人口	1000万人あたり数
—	フェロー諸島	1	48,199	207.5	21	トリニダード・トバゴ	1	1,360,088	7.4
1	セントルシア	2	184,999	108.1	22	ニュージーランド	3	4,528,526	6.6
2	ルクセンブルク	2	567,110	35.3	23	カナダ	23	35,939,927	6.4
3	スウェーデン	30	9,779,426	30.7	24	ボスニア・ヘルツェゴビナ	2	3,810,416	5.2
4	アイスランド	1	329,425	30.4	25	ラトビア	1	1,970,503	5.1
5	スイス	25	8,298,663	30.1	26	オーストラリア	12	23,968,973	5.0
6	ノルウェー	13	5,210,967	24.9	27	スロベニア	1	2,067,526	4.8
7	デンマーク	14	5,669,081	24.7	28	マケドニア	1	2,078,453	4.8
8	オーストリア	21	8,544,586	24.6	29	チェコ	5	10,543,186	4.7
9	イギリス	130	64,715,810	20.1	30	リベリア	2	4,503,438	4.4
10	東ティモール	2	1,184,765	16.9	31	リトアニア	1	2,878,405	3.5
11	アイルランド	7	4,688,465	14.9	32	イタリア	20	59,797,685	3.3
12	イスラエル	12	8,064,036	14.9	—	チベット	1	3,195,085	3.1
13	ドイツ	105	80,688,545	13.0	33	ポーランド	12	38,611,794	3.1
14	オランダ	20	16,924,929	11.8	34	クロアチア	1	4,240,317	2.4
15	アメリカ	360	321,773,631	11.2	35	パレスチナ	1	4,668,466	2.1
16	フランス	62	64,393,345	9.6	36	ベラルーシ	2	9,495,826	2.1
17	ハンガリー	9	9,855,023	9.1	37	コスタリカ	1	4,807,850	2.1
18	フィンランド	5	5,503,457	9.1	38	ルーマニア	4	19,511,324	2.1
19	ベルギー	10	11,299,192	8.9	39	**日本**	**25**	**126,573,481**	**2.0**
20	キプロス	1	1,165,300	8.6	40	ポルトガル	2	10,349,803	1.9

（出所）BBCデータより筆者作成

図表**1-13**　1000万人あたりのノーベル賞受賞数ランキング（科学・経済学分野、2016年まで）

		数	人口	1000万人あたり数
—	フェロー諸島	1	48,199	207.5
1	セントルシア	1	184,999	54.1
2	ルクセンブルク	2	567,110	35.3
3	スイス	20	8,298,663	24.1
4	オーストリア	18	8,544,586	21.1
5	デンマーク	10	5,669,081	17.6
6	スウエーデン	17	9,779,426	17.4
7	イギリス	104	64,715,810	16.1
8	ノルウェー	8	5,210,967	15.4
9	オランダ	19	16,924,929	11.2
10	ドイツ	89	80,688,545	11.0
11	アメリカ	327	321,773,631	10.2
12	イスラエル	8	8,064,036	9.9
13	キプロス	1	1,165,300	8.6
14	ハンガリー	8	9,855,023	8.1
15	ニュージーランド	3	4,528,526	6.6
16	フランス	37	64,393,345	5.7
17	カナダ	20	35,939,927	5.6
18	ベルギー	6	11,299,192	5.3
19	ラトビア	1	1,970,503	5.1
20	スロベニア	1	2,067,526	4.8
21	オーストラリア	11	23,968,973	4.6
22	アイルランド	2	4,688,465	4.3
23	フィンランド	2	5,503,457	3.6
24	リトアニア	1	2,878,405	3.5
25	チェコ	3	10,543,186	2.8
26	ボスニア・ヘルツェゴビナ	1	3,810,416	2.6
27	クロアチア	1	4,240,317	2.4
28	イタリア	13	59,797,685	2.2
29	**日本**	**22**	**126,573,481**	**1.7**
—	香港	1	7,287,983	1.4
30	ポーランド	5	38,611,794	1.3

（出所）BBCデータより筆者作成

学・経済学」の分野ですら、第29位です（図表1－13、見やすさのため図表では1000万人あたりで表記）。

繰り返しになりますが、私は日本がたいしたことがないなどと貶めているわけではありません。日本人ノーベル賞受賞者の功績は、他国の受賞者同様に人類社会に貢献できる素晴らしいものだと思っています。世界第6位という受賞数も立派です。

しかし、こちらも経済同様に、「潜在能力」に対して、必ずしもそれに見合う「実績」が出ていない、十分ではないのではないかということを指摘させていただいているのです。

東京オリンピックは金メダル何個を目指すべきか

人口が多いので、日本は絶対数ランキングでは世界上位に食い込みやすい。しかし、その中身を見ていくと、日本の潜在能力に比べて、それほど高い「実績」が出ていない。このような特徴はスポーツの分野にもあてはまります。

オリンピックのメダルランキングでは、日本は上位に食い込んでいます。前回のリオオリンピックまでで集計すると、夏大会は439個獲得で第11位です。

図表1-14　夏季オリンピックメダル獲得数ランキング（1メダルあたり人口）

		メダル数	人口	1メダルあたり人口
1	フィンランド	303	5,407,040	17,845
2	スウェーデン	494	9,490,683	19,211
3	ハンガリー	490	9,962,000	20,330
4	バハマ	13	353,658	27,204
5	デンマーク	194	5,580,516	28,765
6	ノルウェー	153	5,005,700	32,716
7	ブルガリア	217	7,364,570	33,938
8	ジャマイカ	78	2,705,827	34,690
9	ニュージーランド	117	4,432,620	37,885
10	エストニア	34	1,318,005	38,764
11	スイス	191	7,870,100	41,204
12	オーストラリア	496	22,880,619	46,130
13	キューバ	219	11,241,161	51,329
14	グレナダ	2	110,821	55,410
15	オランダ	285	16,731,770	58,707
16	ドイツ	1,346	81,831,000	60,796
17	ルーマニア	306	19,042,936	62,231
18	バミューダ	1	64,237	64,237
19	トリニダード・トバゴ	19	1,317,714	69,353
20	イギリス	848	62,262,000	73,422
21	ベルギー	148	10,951,266	73,995
22	アイスランド	4	319,575	79,893
23	スロベニア	23	2,057,540	89,458
24	フランス	712	65,350,000	91,783
25	ギリシア	116	10,787,690	92,997

		メダル数	人口	1メダルあたり人口
26	オーストリア	87	8,452,835	97,159
27	トンガ	1	103,036	103,036
28	イタリア	578	60,776,531	105,149
29	モンゴル	26	2,736,800	105,261
30	バージン諸島	1	106,405	106,405
31	ベラルーシ	87	9,461,400	108,751
32	ラトビア	19	2,070,371	108,966
33	アンティル諸島	2	227,049	113,525
34	カナダ	300	34,771,400	115,904
35	アメリカ	2,522	313,382,000	124,259
36	リトアニア	25	3,192,800	127,712
37	クロアチア	33	4,290,612	130,018
38	ポーランド	282	38,501,000	136,528
39	ジョージア	32	4,469,200	139,662
40	アイルランド	30	4,588,252	152,941
41	韓国	264	48,580,000	184,015
42	スロバキア	28	5,445,324	194,475
43	チェコ	53	10,504,203	198,192
44	アルメニア	16	3,268,500	204,281
45	アゼルバイジャン	44	9,111,100	207,070
46	カザフスタン	69	16,718,000	242,289
47	ルクセンブルク	2	511,800	255,900
48	スリナム	2	529,000	264,500
49	バルバドス	1	274,200	274,200
50	**日本**	**439**	**127,650,000**	**290,774**

（出所）IOCデータより筆者作成、リオオリンピックまで

しかし、これまでと同様に「1人あたりメダル獲得数」にしてみると、その順番がガクンと下がります。日本の順位が高い夏のオリンピックをベースに計算してみても、世界で第50位に後退してしまうのです（図表1-14、見やすさのため図表では1メダルあたり人口で表記）。ちなみに、金メダルだけで見ると第43位となっています。

やはり、絶対数で喜んでいるから、不満に思わず、挑戦的な目標を立てていないのではないでしょうか。

「観光業」こそ、潜在能力を発揮できていないことの象徴

最後に「日本の観光業」についても言及しておきましょう。これは私が政府の観光戦略に携わっている人間ということもありますが、日本の潜在能力と実績のギャップを考えるきっかけにもなった、非常に象徴的なケースだからです。

世界の観光ビジネスでは、「観光大国」になるためには、「自然、気候、文化、食」の4つの条件をすべて満たさなければいけないと言われています。これらのすべての面で外国人観光客のニーズを満たすことができる国は、全世界で10カ国もないだろうと考えられている中で、日本は4条件すべてを満たしています。世界でも非常に稀な国です。

では、観光資源という潜在能力に恵まれた日本の実績はどうでしょう。国際観光客が落とした外貨を、その国のＧＤＰと比較したランキング（２０１４年版）では、日本は世界１２９カ国中の第１２６位でした。経済の絶対量に対して、観光業の割合が世界の中でも際立って低い国のひとつだったのです。

外国人観光客が落とす外貨をＧＤＰ対比にしてみると、２０１４年の日本の実績は０・41％、世界の平均は１・61％でした。現在、世界のほとんどの国は観光戦略を実行して、それなりの実績を出しています。先に挙げた４条件を満たすこともできない、観光資源が乏しい国でも、努力して誘致をしています。

世界の中でも数えるほどしかない「４つの条件」を満たした国、日本。「観光大国」になる力は十分に有している。にもかかわらず、それをまったく活かしてこなかったから、経済への貢献度は世界の中で下から４番目。潜在能力と実績のギャップがここまで大きい「観光」は、これまで述べてきた日本経済の特有の問題を象徴した産業と言えます。

ここでは一部のデータを使いましたので、自分の主張に沿ったものだけ、悪いものだけを取り上げて、偏重した結論に導いているのでは、という批判が予想されます。

しかし、ここで使っているデータ以外にも、日本の潜在能力が引き出されていないことを示すデータはたくさんあります。また、これまでの分析のもととなっているのは、GDPなど経済全体の指標であり、その総論から各論を展開しているだけなので、細かいデータを切り替えたところで基本的に結論に変わりはありません。

もちろん、広い世の中ですから、日本が潜在能力を発揮している事例もあるでしょう。それを根拠として反論される方もいるかもしれません。しかし、そこで重要なのは、そのような主張をされる方は、GDPのような根本的な指標を用いて、その事例が「例外」ではないことを、私のように証明していく必要があるということです。

これだけ一生懸命働いているのに「第27位」。悔しくないですか

1979年、私がまだ中学生だったころ、サッチャー首相がテレビのインタビューでこのような内容のことを語りました。

「みんなが何も反発せずに、しかたがないと言いながら、この国が衰退していくのを見るのは悔しい！　産業革命、民主主義、帝国時代などで輝いたこの国が世界からバカにされるのは悔しい！」

当時、戦争が終わってから、イギリスは次第に、経済のさまざまな分野でイタリア、フランス、ドイツや日本に大きく抜かれました。イギリスには過去の栄光以外に何もない、後は沈んでいくだけだ、成熟国家だ、などと厳しい意見も聞かれ、世界からは「イギリス病」などと言われ、衰退していく国家の見本のように語られていました。

あの時代、まさか今のイギリスのように変わることができるとは、ほとんどのイギリス人をはじめ、世界の誰も思っていませんでした。それほどサッチャー首相が断行した改革はすごかったのです。

今では「イギリス病」という言葉はありません。データで見ても、先進国の中でGDPランキングが大きく落ちた後、復活を果たした国というのは、実はイギリスしかありません。欧州の中で第4位から第2位に返り咲くことができたのです。

なぜこのようなお話をしたのかというと、別にイギリス人のお国自慢ではありません。かつて「イギリス病」と言われ、世界から「衰退していく先進国」の代表だと思われたイギリスでも、「やらなくてはいけないことをやる」という改革を断行したことで蘇ることができたという「歴史的事実」を知っていただきたいのです。

サッチャー首相の言葉と同様に、皆さんにぜひ問いかけたいことがあります。

皆さんが学校でこんなに熱心に勉強して、塾にも通って、就職してからも毎日長い時間を会社で過ごし、有給休暇もほとんど消化せず、一生懸命働いているのに、「生産性は世界第27位」と言われて、悔しくないですか。

こんなにも教育水準が高い国で、世界の科学技術を牽引するだけの潜在能力がありながら、1人あたりのノーベル賞受賞数が世界で第29位というのは、悔しくないですか。

私は、悔しいです。

かつて「失われた10年」と言われましたが、今では「失われた20年」に伸びて、日本は経済成長をしないのが当たり前になりつつあります。かつてイギリスが指摘されたように、「日本病」などと言われ、衰退していく先進国の代表のようにとらえられてしまう恐れもあります。実際、海外では、日本のことを研究する際には、経済政策の失敗例として扱われることが多いと聞きます。私がオックスフォード大学で日本について学んだときは、戦後の日本経済がいかに成功したかということが主たるテーマでしたので、非常に残念な変化です。

だからこそ余計に、今の日本ではごく一部の企業をのぞいて、「やるべきことをやっていない」という現状が我慢できません。「潜在能力」が活かされていないことが悔しくてたまりません。

皆さんは、本当にこの程度の実績で満足しているのでしょうか。

初めて日本にやってきてから、もう31年の月日が流れています。人生の半分以上を過ごしてきたこの国について今、私が思っていることはこの一言につきます。

日本はこの程度の国ではない。

これはあくまで私の直感的なものですが、日本を「この程度」にとどめているのは、「世界ランキングが高い」という意識に問題があるのではないかと思っています。世界ランキングでの評価が高いから日本はすごい。世界ランキングが高いということは、日本人の潜在能力がいかんなく発揮されているからだと思い込んでいる方が多いのではないでしょうか。１人あたりのデータを見ずに、世界ランキングが高いということだけを見て、日本の実績は諸外国より上だと信じ込んでいる人が多いのではないでしょうか。

これは、恐ろしい勘違いです。

1億人を超える人口大国・日本の世界ランキングが高いのは当たり前のことです。「１人あたり」で測れば、日本の潜在能力が発揮できていないことは明白です。まだ日本は成長の伸びしろがあるにもかかわらず、この「勘違い」によって、成長が阻まれているのです。

そこで次章では、「日本の潜在能力は発揮されていない」という認識・意識を阻んでいる原因は何かということを考えていきたいと思います。

第2章

「追いつき追い越せ幻想」にとらわれてしまった日本経済

日本経済の発展を阻害する絶対ランキング主義

今、日本経済は大きな「勘違い」に包まれています。

その「勘違い」がゆえ、問題の本質に目を向けることなく、GDPという絶対数ランキングの高さに酔いしれ、日本が本来もっている高い潜在能力を発揮できていないのです。この状況をシニカルに考えれば、何者かが日本に潜在能力を発揮させたくないので、「日本は経済大国だ」と礼賛して、日本国民が低い実績に気づかないようにしているのかもしれません。

前章で見てきたように、さまざまな世界ランキングで日本は上位に位置することが多いですが、これは繰り返し述べてきたように1億人を超える人口によるものです。日本が潜在能力を発揮できているという証にはなりえません。

たとえば、100人規模のAという会社が100万円の利益を上げているとしましょう。それに対して、B社はA社を目標にして、120万円の利益を上げたら、「追いつき追い越せ」が達成できたと言うことができます。

しかし、もしB社が500人規模の会社だったらどうでしょう。「追いつき追い越せ」ができたとしても、B社が本来もつ潜在能力を十分に発揮できたとは言えません。うわべだけの数字で他社と単純比較をするのではなく、自分の潜在能力にふさわしい目標を立てるべきでしょう。もし500人規模であれば、A社の5倍ですから単純に500万円、さらに規模の経済が働いて520万円と、B社はそれなりの目標を立てなくてはいけません。120万円ぽっちで喜んでいる場合ではないのです。

実は日本経済も、このB社とまったく同じ「勘違い」をしているのです。

すさまじい高度成長時代の実績

では、いったい何が人々の目を曇らせているのでしょうか。この章では、その原因のひとつを考察していきたいと思います。

「日本は本来もっている潜在能力を発揮できていない」という指摘を信用しない人がほぼ確実に口にするのが、「高度成長時代の実績」です。第1章で説明した現実をなかなか受け入れてくれない人も、ほぼ同じような反論をされます。

では、「日本は潜在能力を発揮できている」という主張のよりどころであり、現実から目を背けさせているこの「過去の栄光」を、あらためて冷静に振り返ってみましょう。

明治時代から日本が主にとってきた戦略を一言で言うと、欧州とアメリカの経済に「追いつき追い越せ」というものです。「和魂洋才」「富国強兵」などのスローガンを掲げて、経済を強くすることで、欧米の植民地にされないように努めてきました。

日本が植民地にされる危険性が本当にあったか否かという議論は別にして、事実として、そのようなスローガンを掲げたことで、日本は瞬く間に先進国の仲間入りをしていきます。日英同盟、日露戦争などの追い風もあり、1939年には植民地化の恐れどころか、図表2-1にありますように、日本経済のGDPは世界第5位のフランスと微差しかない第6位にまで成長していたのです。戦前の日本は、すでに先進国でした。高度成長時代だけではなく、明治時代と大正時代もすごい実績を残しています。

敗戦したことで、日本経済は参戦した国の中で一番大きなダメージを受けますが、高度成長期とバブル時代を経て欧州を追い抜かし、アメリカに迫る勢いとなり、「世界第2位の経済大国」という地位を獲得しました。

その奇跡的な急成長をあらわしたのが、図表2-2です。

これはアメリカと日本の名目GDPを自国通貨であらわしたもので、1955年を100として、そこからの動きを示しています。なぜドルに換算しないのかというと、為替の影響を排して、純粋にその国の成長を浮かび上がらせるためです。

ここで注目すべきは、日本の伸び率です。1997年のピーク時には、なんと64倍となってい

図表2-1　各国の人口、GDPの増減

●人口

国名	1939年（万人）	1945年（万人）	1939年比増減（%）	2013年（万人）	1945年比増減（%）
アメリカ	13,216	13,993	5.9	31,863	127.7
ロシア	10,930	11,033	0.9	14,607	32.4
イギリス	4,776	4,919	3.0	6,411	30.3
ドイツ	7,938	6,514	−17.9	8,078	24.0
フランス	4,150	4,051	−2.4	6,596	62.8
日本	**7,308**	**7,200**	**−1.5**	**12,713**	**76.6**
イタリア	4,402	4,542	3.2	6,076	33.8
合計	52,719	52,251	−0.9（平均）	86,343	65.2（平均）

●GDP

国名	1939年（100万ドル）	1945年（100万ドル）	1939年比増減（%）	2013年（100万ドル）	1945年比増減（%）
アメリカ	864,010	1,646,690	90.6	16,799,700	920.2
ロシア	430,310	333,660	−22.5	2,118,006	534.8
イギリス	286,950	331,350	15.5	2,535,761	665.3
ドイツ	241,100	194,680	−19.3	3,635,959	1,767.7
フランス	198,940	101,190	−49.1	2,737,361	2,605.2
日本	**196,040**	**98,170**	**−49.9**	**4,901,532**	**4,892.9**
イタリア	151,090	85,430	−43.5	2,071,955	2,325.3
合計	2,368,440	2,791,170	17.8（平均）	34,800,274	1,146.8（平均）

（出所）IMFデータより筆者作成

図表2-2　日本とアメリカの名目GDPの推移

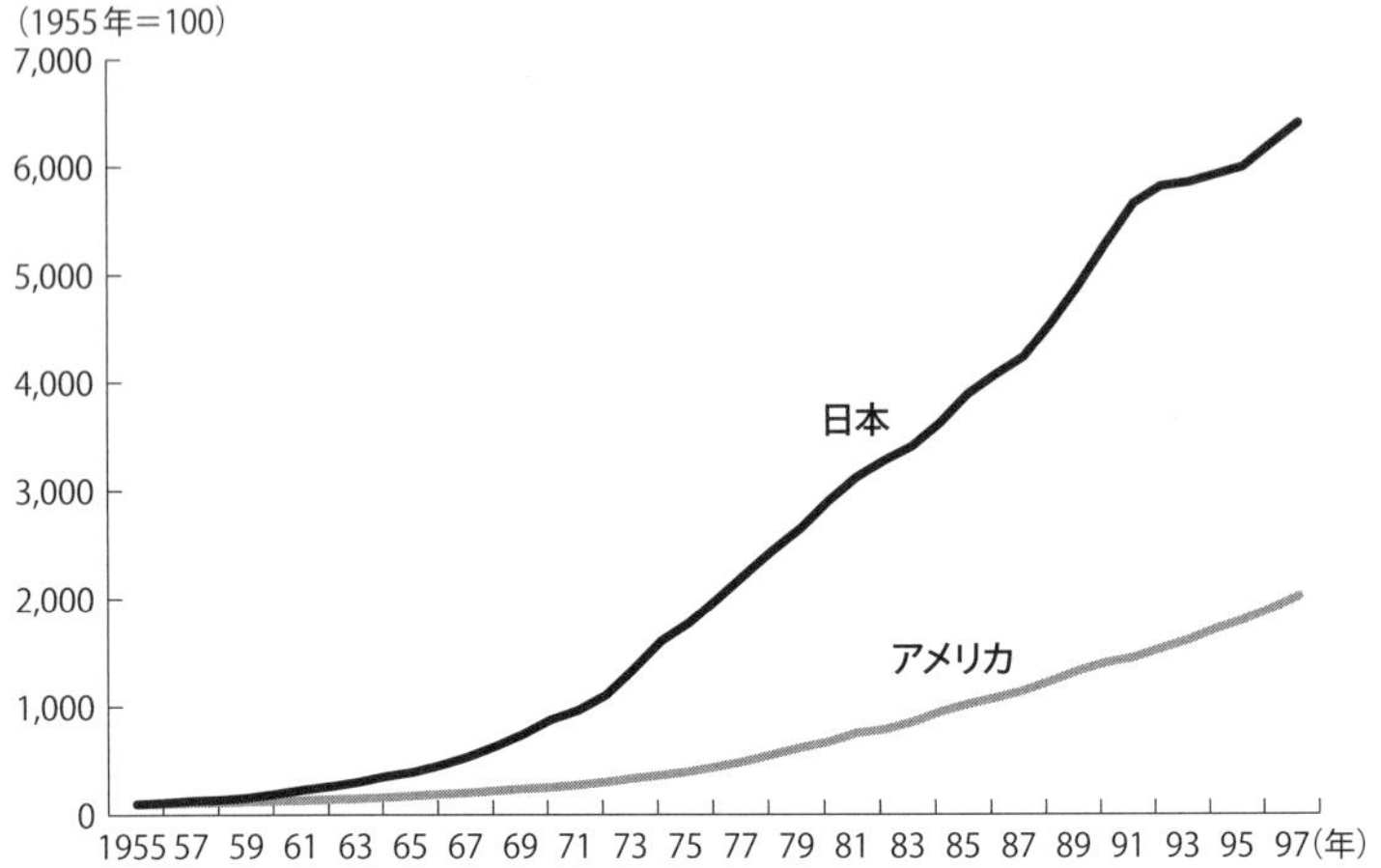

（出所）アメリカ経済統計局データより筆者作成

ます。一方、アメリカは最大でも20・2倍までしか増えていません。

図表2-3は、ドルベースで日本と各国のGDPを比べたものです。ドルベースで見ると、1970年の日本経済はアメリカ経済の20・4％でした。1978年に43・8％に膨らみます。1985年までには31・9％とやや落ち着きますが、再び成長していき、1990年のバブル崩壊時には51・9％、1995年には69・6％にまで成長しました。1990年代に日本が世界中から注目された理由がわかっていただけたと思います。

日本の急成長ぶりは、アメリカ以外と比較しても変わりません。私の母国のイギリス経済に対して、1970年には167・3％だった日本経済は、1980年に192・

図表2-3　日本と各国のGDP比率

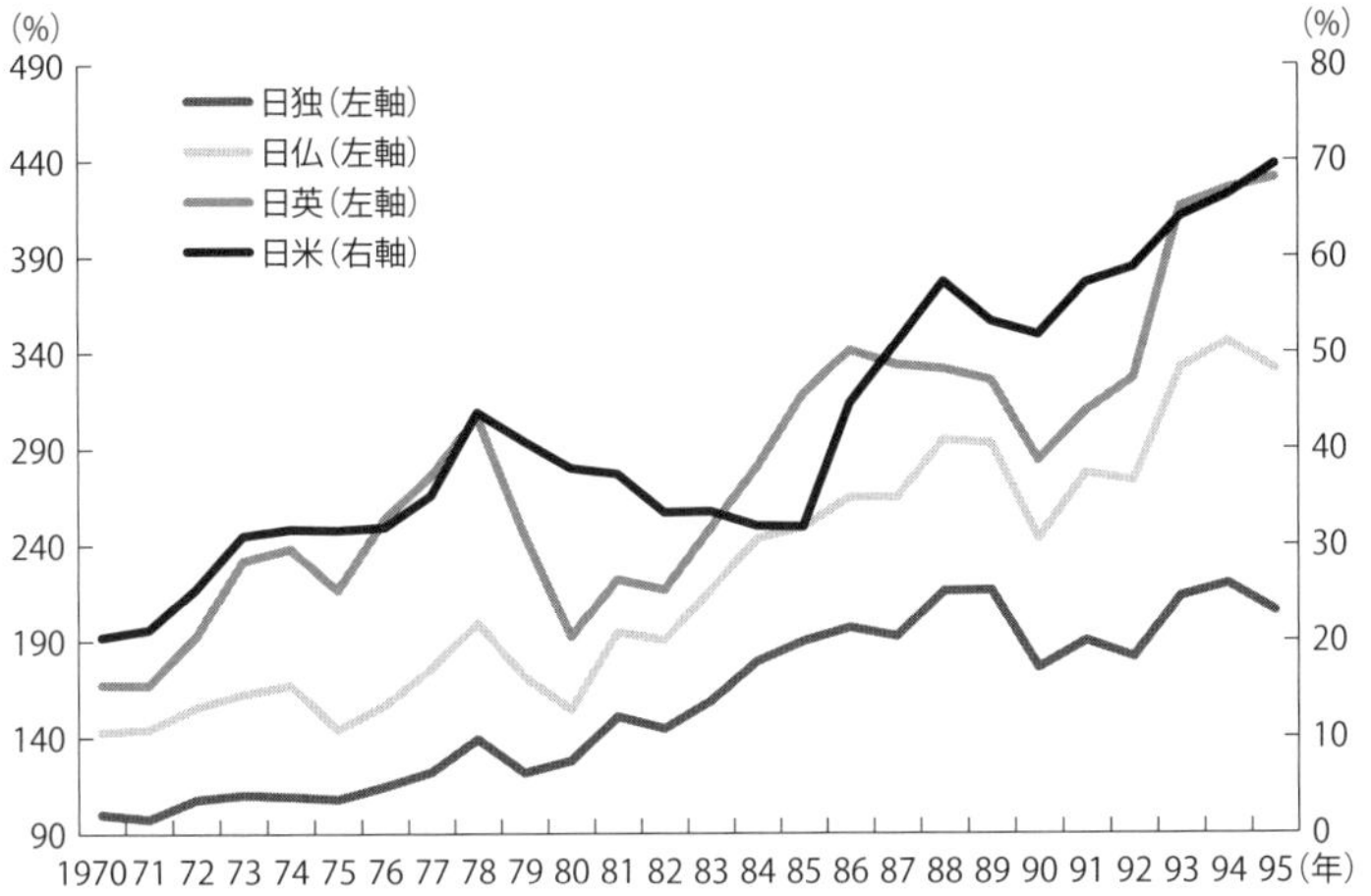

（出所）アメリカ経済統計局データより筆者作成

4%、1990年に283・9%、そして1995年にはなんと431・0%まで大きくなっています。

ドイツと比較しても同じです。1970年、日本経済はドイツ経済とほぼ同じ規模でしたが、1988年になるとドイツ経済の約2倍にまで成長し、2000年には2・4倍になっています。

ドイツは昔から「技術大国」という評価を受けてきました。そのドイツを経済規模で追い抜いた。これは、日本の技術がドイツに勝ったからだという、かなり乱暴な分析が行われ始めたのもこの時期からです。実際にこの時期から「日本のものづくりは世界一」「技術大国」の文字を、新聞で頻繁に見かけるようになりました。

ちなみに、中国と比較すると、1993年時点ではなんと、中国経済の996・9%。10倍近い規模を誇っていたのです。

驚くのはそれだけではありません。1970～1989年の間、世界経済全体は594・5%の成長を果たしましたが、日本はそれをはるかに上回る1343・1%という、人類の歴史でも前例のないほどの成長を果たしたのです（図表2－4）。

これは韓国、香港、サウジアラビア、シンガポールに続く、世界第5位の成長率でした。そう聞くと、まだ上に4カ国もあるじゃないかと思うかもしれませんが、韓国をのぞく3カ国はいずれも人口がきわめて少なく、サウジアラビアは資源国で、それ以外の3カ国は1人あたりの生産性が非常に低い状態からスタートした国です。分母が小さいということは、それだけ異常値も出やすいのです。

なぜわざわざそのような人口の少ない国との比較をここで出したのかというと、日本が大きな人口を誇る国として「常識では考えられないほどの高い成長率」を達成したことをわかっていただきたいからです。

日本ほどの人口規模、つまり経済規模をもつ国が世界第5位という高い成長率を示すのは、かなり異常なのです。事実、この時期のG7諸国の成長率は平均599・6%。日本の

図表**2–4**　GDPの伸び率ランキング（1970〜1989年）

順位	国名	1970年（100万ドル）	1989年（100万ドル）	伸び率（%）
1	韓国	8,936	243,508	2,625.0
2	香港	3,812	68,790	1,704.6
3	サウジアラビア	5,377	95,217	1,670.8
4	シンガポール	1,919	31,393	1,535.9
5	**日本**	**209,071**	**3,017,052**	**1,343.1**
6	エジプト	8,143	109,714	1,247.3
7	ブラジル	35,214	458,527	1,202.1
8	インドネシア	9,805	122,582	1,150.2
9	マレーシア	3,737	41,095	999.7
10	スペイン	39,801	411,571	934.1
11	アルジェリア	5,167	52,558	917.2
12	アイルランド	4,295	37,998	784.7
13	スイス	22,953	201,666	778.6
14	オーストリア	15,215	132,965	773.9
15	イラン	10,032	87,363	770.8
16	フィンランド	11,113	92,922	736.2
17	イタリア	109,791	913,648	732.2
18	クウェート	2,873	23,855	730.3
19	イスラエル	6,070	49,038	707.9
20	ノルウェー	12,730	102,648	706.3
21	ポルトガル	8,000	59,812	647.7
22	イギリス	124,970	927,105	641.9
23	オランダ	35,353	254,538	620.0
24	フランス	146,436	1,031,314	604.3
25	ペルー	5,861	40,692	594.3

（出所）IMFデータより筆者作成

図表**2–5**　各国の1人あたりGDPの推移

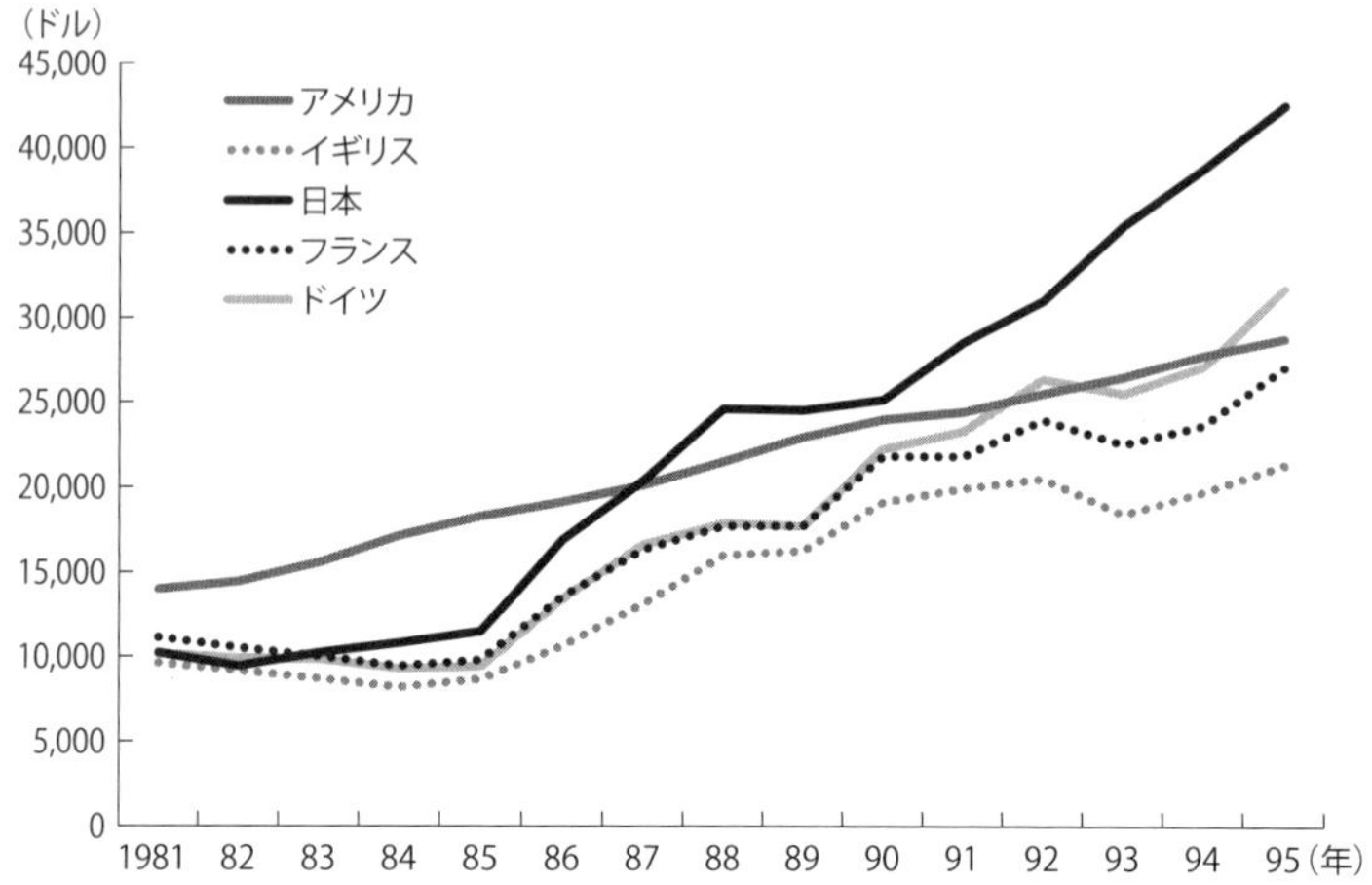

(出所) 世界銀行データより筆者作成

1343・1%という数字は、明らかに「異常」だということがわかっていただけると思います。

このように、世界のエコノミストたちの常識を覆した日本は、経済の「中身」でも異常とも言える伸びを見せました。GDPは絶対額ですので、経済の「量」とも言えます。それに対し、経済の質とも言うべき「生産性」が「中身」となります。

図表2–5をご覧ください。これはドル換算の1人あたり名目GDPです。1981年の日本人1人あたりのGDPは9600ドルで、先進国中第3位でしたが、1987年にはアメリカを抜いて、先進国の中でトップとなりました。この優位性は1995年

まで継続します。

言うまでもなく、1人あたりGDPとは「生産性」です。これでアメリカを追い抜いたということは、日本経済の強さが、人口という「量」だけではなく、「中身」によっても裏打ちされたものだと証明したわけです。このデータは当時、日本がアメリカやヨーロッパの経済を追い越した根拠として多く取り上げられました。海外で書かれた日本研究にも当然よく引用され、このデータによって、日本人労働者の勤勉さや、日本社会の秩序などが高く評価されたのです。

ただ、このような栄光に茶々を入れるわけではありませんが、このデータに対する評価は、少し立ち止まって再検証してみる必要があります。詳しくは次の第3章でお話しします。

奇跡のストーリーが「神話」を生んだ

いずれにせよ、このように大成功を収めたわけですから、「日本は特別な国だ」「日本の成長は欧米とは違う」という結論になるのは当然だと思います。事実として、日本経済は大きく成長し、その伸び率はどの先進国にも勝っていました。さらに、アメリカの生産性を追い抜くだけではなく、G5の中でも、G7の中でも、トップとなりました。

このような客観的データから導き出されたのが、日本の技術は世界一であり、労働者の質も、経営者の質も素晴らしい、という結論です。日本型資本主義が新しいパラダイムとして世界を大きく変えた。そんな自信を日本人の多くが抱くのは容易に想像できます。

その一方で、その奇跡のストーリーが科学的根拠のない「神話」を生み出し、目の前にある現実をなかなか直視できないという、現在の日本の風潮を生み出してしまっていることも、忘れてはいけません。

世界でも特異とも言える大きな経済成長を果たした日本からすれば、「失われた20年」はまったく受け入れがたいものでしょう。何かがおかしい。どこかにこれまでのやり方を邪魔している問題があって、それさえ取り除けば、かつてのような栄光の時代に戻ることができるはずだ。そんな考え方も、ある意味では一貫性があって、論理的なような印象さえ受けてしまいます。

ただ、果たして本当に論理的でしょうか。

これまで続けてきた方法で成長が止まったことの原因をよそに求めるのは、これまで続けてきた方法が「正しい」という前提に基づいています。たしかに、これまではその方法で、大きな成長を果たすことができました。しかし、その成果を表面的にとらえるのではなく、その時代背景なども検証して「なぜこれまで続けてきた方法で成長が止まったのか」を考えていく必要があると思います。

過去を否定するわけではありません。「これまで続けてきた方法」が通用しなくなった原因がわかれば、これから進むべき道がわかります。未来のために、過去から学ぶのです。

「追いつき追い越せ」戦略は明治時代の戦争学が始まり

そこで「これまで続けてきた方法」をあらためて考えてみましょう。先ほども申し上げたとおり、日本は「失われた20年」に直面するまで、明治時代から一貫して「欧米に追いつき追い越せ」という戦略を進めてきました。

このような戦略が立案された背景には、欧米の植民地にならないという強い目的意識があったことは先ほども述べたとおりですが、この考えは「戦争学」がベースにあります。

経済の大きさ、GDPランキングを重視するのは、完全に軍事や国防の視点です。また、「追いつき追い越せ」という発想は、軍隊でもよく見られます。軍事力は、他国と比較して何倍も何十倍も大きい必要はありません。強い軍隊をもつ国と比較して、そこへ追いついて、追い越すことができればいいのです。

近代の日本もそうでした。とにかく欧米の軍事力に追いつき、それを追い抜かすことが最大の目的でした。このような戦争学における「追いつき追い越せ」という思考が、戦後もそのまま

「経済」という血の流れない戦争に適応され、現在にいたるまで思想の主流となっている可能性は否めません。

その根拠が、何度も指摘している日本の「絶対基準」主義です。「追いつき追い越せ」という思考は、とにかく世界第3位よりも世界第2位、第2位よりも世界一がいいという「絶対基準」に偏重して、世界第3位や第2位というポジションを構成する要因、つまり「中身」の部分まで分析する「相対基準」は軽視されていきます。

日本国内の経済分析で、総額だけを見た単純な国際比較が多いのは、実はこれが最大の理由ではないかと考えています。

日本のような人口の多い国は、「規模の経済」が効いてGDP総額が大きくなります。たとえば、設備投資などの面でも、「1人あたりの設備投資金額」なども大事ですが、やはりまとまった設備投資の絶対金額が確保できるので、小さな先進国よりも日本のような大きな先進国は圧倒的に有利です。

本来はそのような人口の違いなどが考慮されなくてはいけませんが、日本では絶対額を重視して、世界で何番目かという単純な国際比較が注目を集めます。生産性や人口という視点がごっそりと抜け落ち、各国の状態を軽視した「絶対基準」が主流となっているのです。

これこそ先ほど申し上げた軍事力競争の発想です。つまり、日本の経済に対する考え方は、明治時代における「戦争学」をいまだに引きずっている可能性があるのです。

そうすると「戦争学」に順じた「絶対基準」主義によって「中身」にまで目が行かなくなり、とにかく世界で第何位というポジションさえ確保できれば満足してしまう。こうなってしまうと、危機的状況に陥ってもそれに気づくこともありませんし、そこで本当に取り組むべき課題も見えません。

そこで次章は、「妄想」から脱却していくため、戦後日本経済の「中身」を多面的に分析していくとともに、「失われた20年」の教訓も考えていきたいと思います。

第3章

「失われた20年」の恐ろしさ

1990年代のバブル崩壊を境に、それまで順調に成長していた日本経済が低迷します。右肩上がりで膨らんできたGDPも、1995年に500兆円を超えて以降、今にいたるまで横ばいで推移しています。

これがいわゆる「失われた20年」と呼ばれる成長の停滞です。この第3章では、この停滞によって日本と諸外国とのギャップはどこまで開いたのか、いつからこれほど潜在能力とのギャップができたかを探ります。

アメリカ経済の70%から26%まで縮小

まず、アメリカとの比較を見てみましょう。1990年のアメリカのGDPと日本のGDPを100として、その推移を示したのが、図表3-1です。日本は2014年までに1・1倍、一方のアメリカは2・9倍に増えています。

これは名目GDPを自国通貨で示したものです。つまり、日本のGDPをドル換算していませんので、日本人とアメリカ人の「実感」により近い数字となっているはずです。

日本のように大きな先進国の経済がこれほど長い期間、成長しないことは、経済史上でもきわめて珍しい現象です。日本と同様、高齢化問題を抱えている他の国でも、成熟国家と言われ

図表**3-1**　日本とアメリカのGDP比較

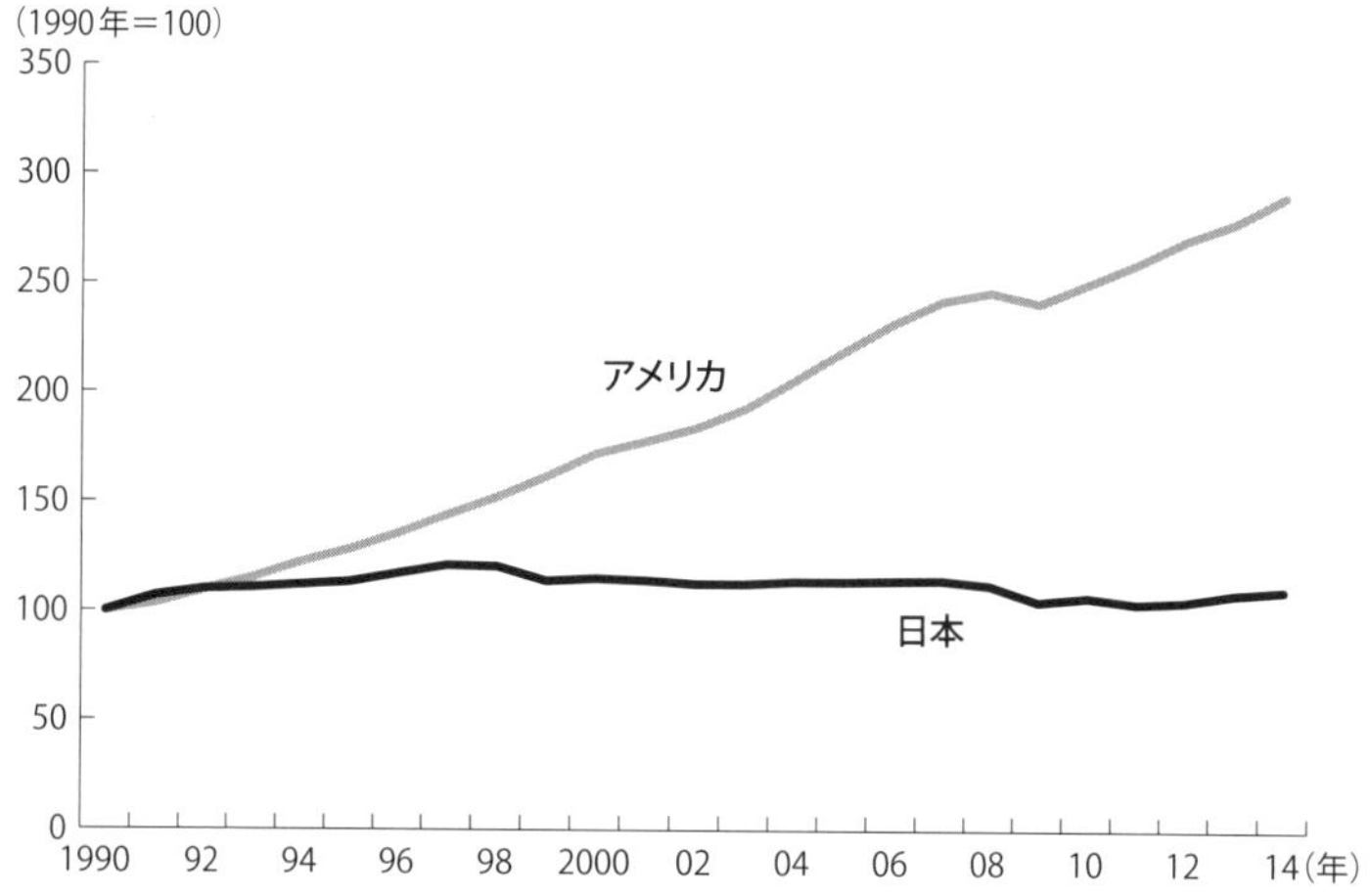

(出所) アメリカ経済統計局、内閣府データより筆者作成

ている欧州諸国でも、低成長率とはいえ基本的に成長しているのです。

そこで、アメリカ以外の他の国とも詳細な比較をしていくため、ここからはドル換算の数字で見ていきましょう。

アメリカ経済に対して日本経済がピークとなったのが、1995年です(図表3-2)。そのときの日本のGDPは、アメリカの69・6%でした。日本の皆さんからすると、日本経済のピークが1995年と言われてもあまり実感がわかないと思いますが、ドル換算ベースで見ると事実です。

ただ、これには為替が多分に影響しています。円ドルレートは1990年の144・8円から、1995年には94円まで円高に

図表3-2　アメリカ経済に対する日本経済の割合

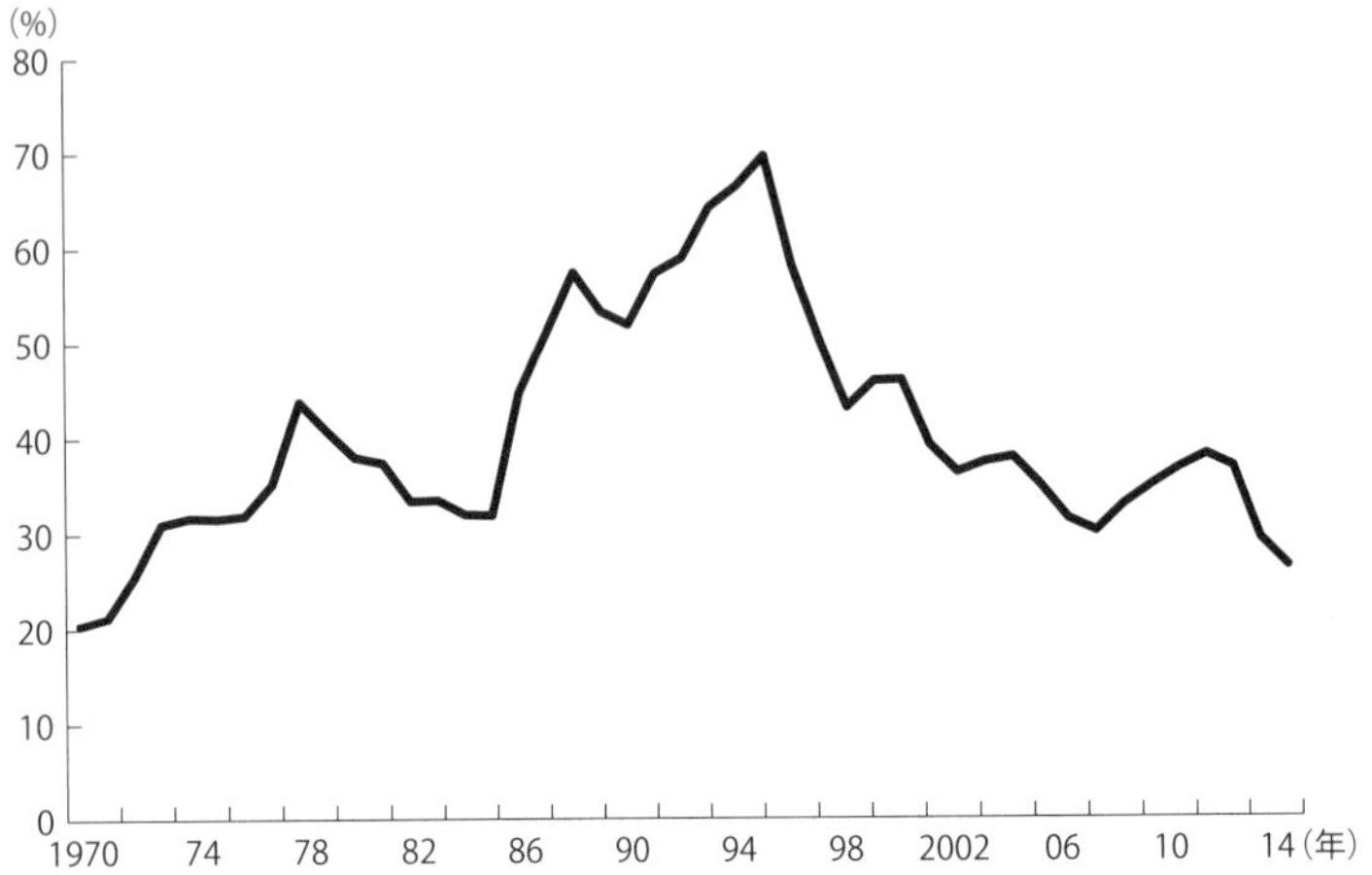

（出所）アメリカ経済統計局データより筆者作成

なっています。つまり、日本の名目ＧＤＰがあまり伸びていなかったのに、日本経済がドル換算ベースで１９９５年まで大きな伸びを見せたのは、円高の影響だと考えるのが妥当です。アメリカ経済の70％にまで到達したのは、日本が潜在能力を発揮したからではありません。

その後、日本経済が「失われた20年」に突入した反面、アメリカは成長を継続させたことで、両者のギャップはさらに広がっていきます。ドル換算ベースで見た２０１４年の日本経済は、アメリカ経済の26・４％にまで縮小してしまうのです。日本経済がアメリカ経済に対して20％台だったのは、１９７２年の25・５％までさかのぼります。ドル換算ベースで見ると、２０１４年の日本とアメリカの経済格差は、1972年と変わらないと言えるのです。

ちなみに、この1970年代前半というのは、日本の経済成長を考える上で非常に重要な時期と言えます。1972〜1973年は、生まれる子供の数がピークを打った時期です。また、相対的に見ると、生産性もこの時期がピークなのです。後ほど詳しくご説明しますが、私は戦後から1977年までを日本経済の「黄金時代」、1977年から1990年までは「先進国並みの時代」、そして1990年からを日本経済の「低迷の時代」と呼んでいます。もちろん、「低迷の時代」は今も続いており、今の日本は進むべき道を見失い、迷っていると考えています。

イギリス経済の4・3倍から1・5倍まで縮小

欧州と比較してみましょう（図表3−3）。欧州は戦後、人口増加が鈍化し、高齢化や少子化の影響も出ていますので、日本の優位性低下の現状がより明確に浮かび上がるはずです。

まず、欧州の中で一番大きいドイツと比較します。日本経済はピーク時にはドイツ経済の2・2倍まで膨れ上がりましたが、2014年に1・2倍まで縮小しています。この水準は1977年以前のものです。

図表**3-3**　欧州経済に対する日本経済の割合

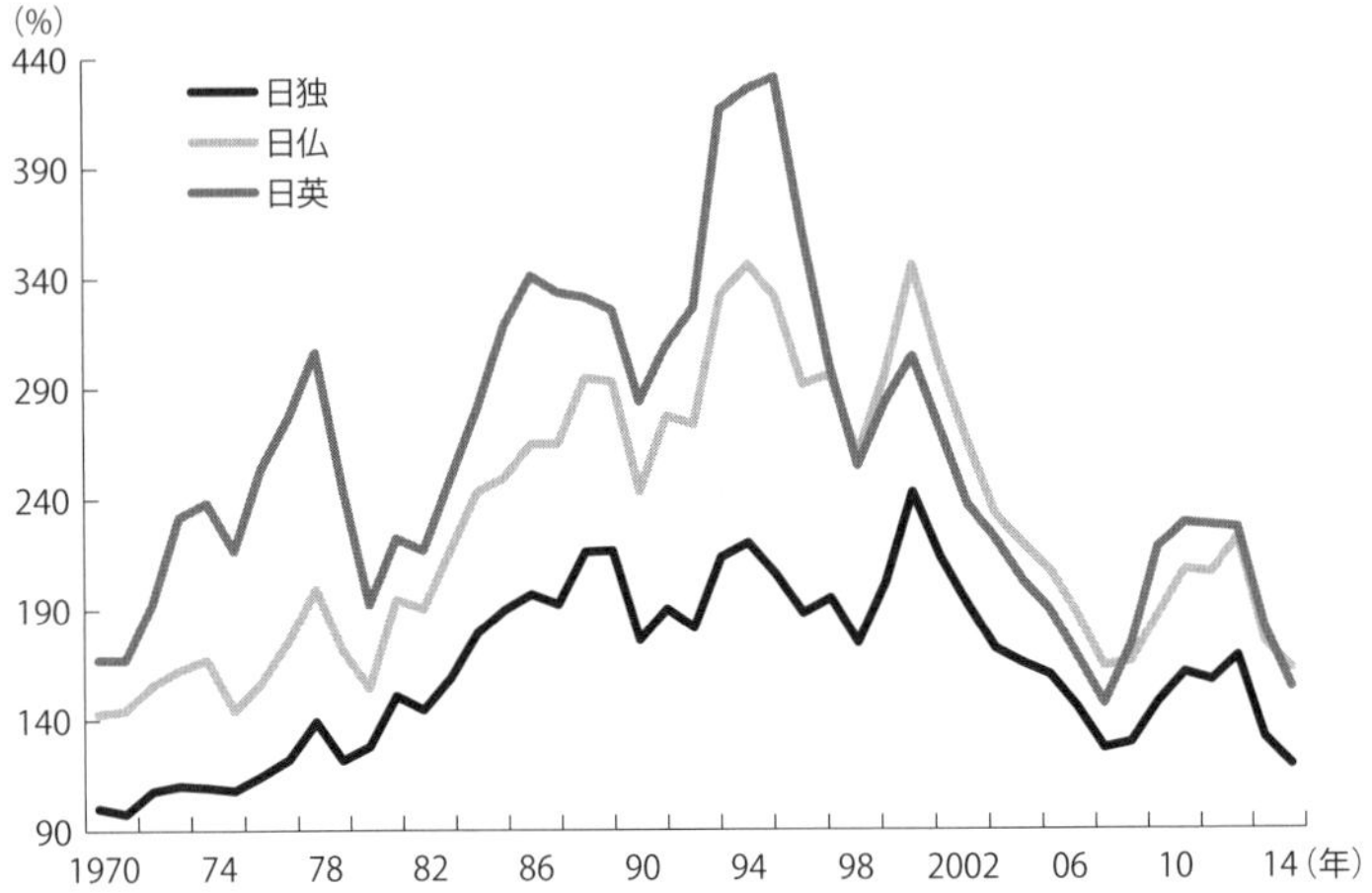

（出所）アメリカ経済統計局データより筆者作成

次にフランス経済と比べてみましょう。1994年のピーク時には3・5倍となっていましたが、2014年には1・6倍まで縮小しています。こちらもドイツと同じ、1977年以前の水準に戻っています。

では、イギリス経済と比較するとどうでしょう。日本のGDPは、1995年にはイギリスのGDPの4・3倍でした。それが2014年になると、1・54倍まで縮小しています。1960年の日本経済は、イギリス経済の1・67倍ということを考えると、それ以前の水準だと言えます。

このように見てくると、日本は高度成長期の後、「高度衰退期」を迎えたとも言えそうです。

世界と乖離しているという意識がない？

以上から、「先進国の中で、日本は相対的にもっとも後退している国である」という結論が導き出されます。

不思議なことに日本国内では、「失われた20年」と言われているわりには、何をどれほど失ったのかが正しく認識されていないような印象を受けます。

世界を見渡してみると、生産性が急上昇している途上国の経済成長がますます高まっています。中国のように、人口が多い上に極端に低かった生産性を徐々に向上させている国も出てきました。一方で、人口がそれほど増えていない先進国も、経済成長は止まっていません。つまり、経済が20年も伸びない日本は、どちらのカテゴリーにも入らない「異常」な国だと言わざるをえません。

世界全体が成長を継続している中で、日本だけがGDPが増加していないという異常事態によって、日本が世界経済の中で占める比率が著しく低下し、その優位性が大きく揺らいでいます。他国との伸び率の差が毎年わずか数%であっても、20年間継続すれば大きな開きが生まれるのは、考えてみれば当然でしょう。

もちろん、このようなギャップは実際に海外に出てみないことにはなかなか実感できません。かつてほど海外に出かける方も多くない中で、日本の優位性低下を身をもって体験する機会が減っていることも関係あるのかもしれません。

20年で中国の10倍から半分に

参考までに、先進国ではありませんが、中国とも比較してみましょう。1993年のピーク時、日本経済は中国経済の10倍近い規模を誇っていました。しかし、1987年以降の中国の爆発的な経済成長によって、相対的に見ると日本経済は急速に低迷していきます。1996年に5倍まで縮小したかと思いきや、1999年に4倍、2005年に2倍、そしてついに2009年には抜かれてしまい、2014年になると、中国経済の44%にまで後退してしまいました。

これを受けて、日本経済が世界第2位から転落し、中国に次ぐ第3位というポジションになったわけですが、実はもう第4位にまで落ちています。

先ほども解説したように、日本経済の成長は1990年に止まり始めましたが、円高になっ

図表3-4　名目GDPと購買力調整済み生産性ランキング（2015年）

国名	名目GDP（100万ドル）	構成比（%）
アメリカ	18,558,130	25.1
中国	11,383,030	15.4
日本	**4,412,600**	**6.0**
ドイツ	3,467,780	4.7
イギリス	2,760,960	3.7
フランス	2,464,790	3.3
インド	2,288,720	3.1
イタリア	1,848,690	2.5
ブラジル	1,534,780	2.1
カナダ	1,462,330	2.0
韓国	1,321,200	1.8
スペイン	1,242,360	1.7
オーストラリア	1,200,780	1.6
ロシア	1,132,740	1.5
メキシコ	1,082,430	1.5
世界	73,993,835	100.0

国名	購買力調整済みGDP（100万ドル）	構成比（%）
中国	20,853,331	18.4
アメリカ	18,558,130	16.3
インド	8,642,758	7.6
日本	**4,901,102**	**4.3**
ドイツ	3,934,664	3.5
ロシア	3,684,643	3.2
ブラジル	3,101,247	2.7
インドネシア	3,010,746	2.7
イギリス	2,756,748	2.4
フランス	2,703,378	2.4
メキシコ	2,227,176	2.0
イタリア	2,213,909	2.0
韓国	1,848,518	1.6
サウジアラビア	1,720,027	1.5
トルコ	1,665,332	1.5
	113,523,500	100.0

（出所）IMFデータより筆者作成

たことで、ドルベースでは成長が継続しました。

それをふまえて、購買力調整済みのランキングを見てみましょう。IMFの2015年データによると、インドに追い抜かされて第4位となっています。インド経済の64%でした（図表3-4）。

インドの経済が成長することによって、物価の上昇、為替レートの調整が起こり、名目GDPが次第に上がってくることが予想されます。それによって購買力調整済みGDPがドル換算ベースの名目GDPに収斂されていきます。つまり、中国のケースと同様に、購買力調整済みGDPベースでインドに抜かれた日本は、名目ベースで追い抜かされるのも時間の問題なのです。

そもそも、インドには中国と変わらないくらいの人口がいます。人口が日本の10倍以上なので、生産性が日本の10分の1でも簡単に追い抜かせます。

このインドの台頭によって、世界経済の中で、中国、アメリカ、インドという「大きな塊」の存在感がより鮮明になりました。EUはこれからどうなるかはわかりませんが、ここもひとつの大きな塊と考えた場合、日本はかなり小さい経済圏となり、第5位に転落するだけではなく、やや孤立しているように見えなくもありません。地政学は私の専門外なのでわかりませんが、巨大経済圏がひしめく中で、今後日本がどのように立ち振る舞っていくのかは、非常に気になるところです。そうした意味において、EUという巨大経済圏から脱却しようとしているイギリスの動きも興味深いです。

このままでは2050年にはトップテンから脱落する

さて、以上の状況をふまえ、今後の日本について考えてみましょう。

まず、大前提の仮定として、日本が生産性向上のために大きな対策を打たず、今のままの状

図表3-5　スタンダードチャータード銀行による予測

順位	国名	2020年（億ドル）	国名	2030年（億ドル）	国名	2050年（億ドル）
1	アメリカ	20,310	中国	26,667	中国	53,553
2	中国	15,855	アメリカ	25,451	アメリカ	41,384
3	**日本**	**5,209**	インド	7,304	インド	27,937
4	ドイツ	4,205	**日本**	**5,994**	インドネシア	8,742
5	イギリス	3,258	ドイツ	4,734	ブラジル	8,534
6	フランス	3,182	ブラジル	4,065	**日本**	**7,914**
7	インド	3,175	イギリス	3,908	メキシコ	7,087
8	ブラジル	2,748	フランス	3,663	ロシア	6,610
9	ロシア	2,563	ロシア	3,323	ナイジェリア	6,354
10	イタリア	2,353	メキシコ	2,881	ドイツ	6,338

（出所）スタンダードチャータード銀行

態が続いたとします。当然、人口は減っていくので、GDP総額も減少していくはずです（私としては、それはあまりにも悲観的かつ非現実的なシナリオだと思っていますが）。

２０５０年までの経済予測がいくつか出されていますので、それらのデータに基づいて見ていきましょう（図表3-5）。

スタンダードチャータード銀行の予測では、２０５０年の日本は世界第6位の経済になっています。中国経済と比較すると、２０２０年に33％だったものが、２０５０年には15％まで縮小しています。

ただし、日本経済が２０２０年に比べて51・9％成長していなくては、第6位というポジションは獲得できません。この伸び率はどれくらいかというと、ドイツとほぼ同じです。これは裏を返せば、日本は現時点で大きく水を空けられているドイツ並みに生産性を向上させることができなければ、第6位にもなれないということです。

もちろん、経済の長期予想は的中させるのが難しいです。あまりにも要素が多すぎるため、エコノミストも現在のトレンドをそのまま未来へと引っ張っていく傾向があるためです。いずれにせよ、ひとつだけはっきりとしているのは、このまま何も手を打たなければ、よくても第6位、悪ければベスト10圏外にまで転落してしまう可能性が高いということです。

スーパーコンピューターの世界一の座を目指す開発競争に対して、「2位じゃダメなんですか」と発言した国会議員のように、世界ランキングが多少下がってもいいではないかという考え方もあるでしょう。

しかし、その国の経済に対する国際的評価は、世界に対するその国の影響力・発言力に密接に関係しています。たとえば、経済が縮小した国の発言を周辺国が重視しないことは、歴史が証明しています。事実、国連やG7などの中で、日本という国がある程度の発言権をもっているのは、戦前・戦後と経済成長をしてきた実績によるところが大きいのです。

つまり、ここまで日本経済が後退して、なおかつ日本経済が伸びる見通しもなくなってしまうと、日本の国際社会における影響力も低下していってしまうのです。日本は西洋文明ではない唯一の大きな先進国ですので、その思想、文化の違いをもって国際社会に貢献できることはかなり多いと思います。「和」の精神、協調性という意味において、西洋のより白黒をはっきりとつける文化一色になるところに、ある程度の歯止めをかける役割も期待されますが、それも果たせなくなる恐れがあります。

影響力が低下するということは、世界の中で注目されなくなるということです。私のように日本経済に注目し、日本語を学び、日本経済や文化を知ろうという外国人もかつては多く存在していましたが、今後はさらに減少しますので、日本に対する理解が薄れてしまうこともあるのです。

日本経済の評価が下がれば、輸出にも当然、悪い影響が出ます。たとえば途上国の国家プロジェクトの場合、技術だけではなく、やはり経済的な影響力の強い国と組みたいという思惑が生まれます。日本の新幹線が素晴らしい技術を有していながらも、それだけでは受注にいたらないという現状が、まさにその象徴でしょう。今後、経済の優位性が揺らぐことで、日本の技術輸出もさらに不利な立場に立たされることが予想されます。

アメリカはいつまで日本を「大切」にしてくれるのか

日本には高い技術力があるのだから、世界で第何位だなどと細かいことを気にせずにオンリーワンの存在になるべきだ、という主張をされる方もいますが、これもナンセンスです。

技術は、莫大な研究費によって支えられています。国連の２０１４年のデータによりますと、日本はＧＤＰに対して３・６％の費用を研究開発に投資しています。これに対して、アメリカは２・７％でした。これが日本の競争力が優っているという主張のよりどころになっているのですが、実はこの数字には決定的な盲点があります。

たしかに、日本経済がアメリカ経済の70％という規模を誇っていたころの「３・６％」には、間違いなく優位性があります。要するに、ほぼ同額でした。しかし、現在はすでにアメリカ経済の36％まで縮小しています。ここまで小さくなっている中での「３・６％」は、「２・７％」に対して優位性をもちません。

日本は13カ国ある人口１億人以上の国家のうちのひとつで、先進国の中で第2位の人口大国ですから、規模の経済が効いて、技術開発でもきわめて有利な立場にあります。ＧＤＰの総額が大きいため、設備投資が仮に同じ比率の小国があったとしても、絶対額的には日本が優ります。また、国内市場の大きさによって、投資をよりよい条件で回収することもできます。

人材面でも同じことが言えます。アメリカには世界中から優秀な人材が集まりますが、その大きな理由は経済が成長しているからです。規模が大きいので、人材育成の環境も整います。だから、競争することに対して自信のある人はアメリカへ渡りたがります。それはノーベル賞の受賞者数を見れば、一目瞭然でしょう。日本経済が成長しないとなれば、世界に通用する優秀な人材の招致も難しくなります。

また、経済成長の鈍化は、一見無関係そうに見える「安全保障」にも暗い影を落とします。日米同盟は先の戦争の遺産ではありますが、アメリカにとっては、世界第1位と第2位の経済大国間の同盟という意味もありました。

かつてアメリカはイギリスとも特別な関係にあると言われていましたが、大英帝国が消滅し、その後衰退していくと、アメリカ側の態度は変貌しました。冷え込んだ米英関係が最近復活しているのは、イギリス経済が好調になったことと無関係ではありません。これと同様に、このまま日本経済が低迷していくと、アメリカにとっての「同盟」の価値も下がります。日本を取り巻く国際関係を考えれば、安全保障に関して大きな方向転換を迫られることになるでしょう。

高度衰退の結果

たしかに、高度成長期の実績はすばらしいものでした。しかし「高度衰退期」を経て、日本経済は相対的には1970年代に戻ってしまったと言えます。

日本の皆さんからすると、これは耐え難い侮辱のように映るかもしれません。しかし、数字を見ていくと明らかになる客観的な事実であることは、否定できません。

続く第4章では、第1章で見た国内外のギャップの原因を、さらに追究したいと思います。

第4章

戦後の成長要因は「生産性」か「人口」か

第4章では、日本は昔から生産性が低かったのか、もしそうでなければ、いつから、なぜ低くなってしまったのかを検証していきます。

この検証を行うことによって、なぜ日本の経済成長が止まってしまったのか、その原因がよりはっきりしてきます。

また、第2章でも触れた日本の高度成長期における実績の一部をあらためて再評価するとともに、日本の成長停滞を象徴する言葉でもある「失われた20年」を検証していきたいと思います。

ここでは前に述べたように、1945年から今日までを「黄金時代」「先進国並みの時代」「低迷の時代」に分けて考えます。

なぜそうするかというと、日本のこれから進むべき道を見出し、生産性を潜在能力にふさわしい水準まで上げていくために私が必要だと考える「仮説」を確認するためです。

この「仮説」を証明していくには、日本経済がいかにして成長してきたかを正しく認識しなければいけません。それはつまり、高度成長期、そして失われた20年を説明することですので、避けて通ることはできないのです。

日本にはびこる「常識」を検証する

まず、日本の「実績」に関する一般な見方と言いますか、表面的な見方を確認していきましょう。これは、いわゆる日本の「常識」として取り上げられている部分を、客観的事実と照らし合わせて正確に振り返っていくという作業です。

冒頭で述べたように、日本の成長を取り戻すためには、日本の経済制度とその仕組みを検証して、高度経済成長期になぜ成長したのか、そしてなぜ「失われた20年」で成長が止まったのかを正しく理解しなければいけません。そうすることで、間違いなく日本の進むべき道が見えてくるはずです。

それはもっと端的に言えば、日本がこれまで世界の経済学で常識とされてきた原則をすべて使い果たして、新しい常識とでも言うべき経済モデルをつくっていく道しかないのか否かを考えていくということです。

もし、日本が新しい常識をつくるしか道がないのであれば、それは非常に大変な才能が必要で、私のような凡人ができるものではありません。しかし、諸外国で成功しているのに、いまだ日本だけが実施すらしていない手段があるのならば、ここでそれを明確にしていくべきでしょう。

要するに、日本がもし完全に成熟した経済大国であるならば、人口が減っているのでこれ以上の成長はほぼ不可能に近いものになりますが、まだ成長の余地があるのならば、まだまだ明るい未来が待っていると考えられるのです。

私としては、日本にはまだ大きな「伸びしろ」があると信じています。まだ成熟していない部分があり、その未開拓の部分を明らかにしていくことこそが、私なりの日本への「恩返し」だと思っています。ですので、日本のことを完全に成熟した国家であると信じ、それを誇りに思っている方も、まずはその感情は一度抑えていただき、私の指摘に耳を傾けてください。そして、どちらが本当に日本の未来にとってプラスになるのかを冷静に考えてもらいたいのです。

実は生産性は世界一ではなかった

では、前章でも述べた生産性から見ていきましょう。

高度成長期に生産性がすさまじく伸びたのは、前に述べたとおりです。特に表面的に見れば、それは「奇跡」と言っていいほどの高い伸びでした。図表2-5で見たように、日本の1人あたりGDPをドル換算してみると、1987年から1996年までの間、日本はアメリカを抜き去り、先進国の中で一番高い数値となりました。

図表4-1　各国の1人あたりGDPの推移

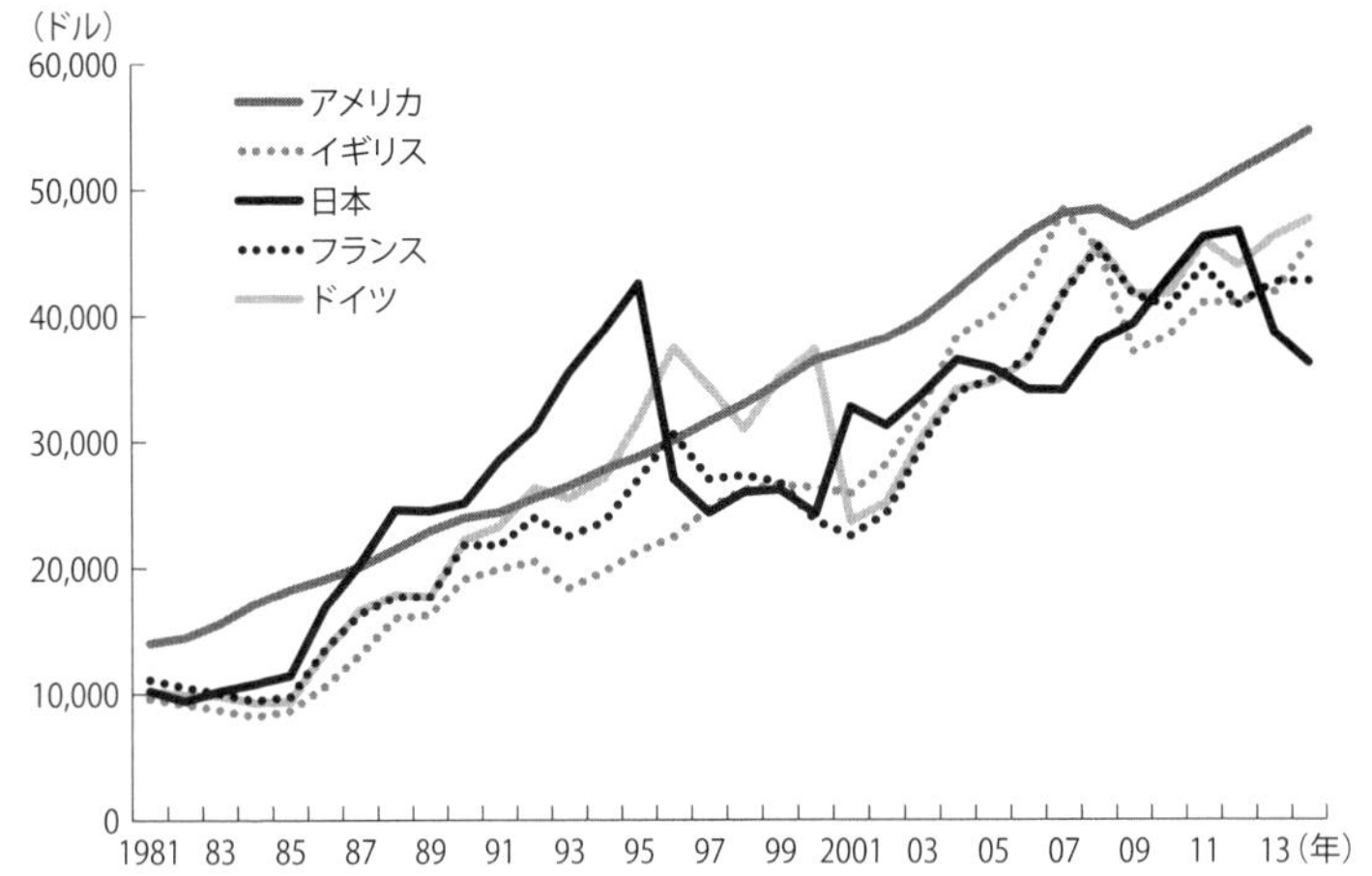

（出所）世界銀行データより筆者作成

この実績だけを見れば、「生産性」という点でも日本は世界一になったと評価されるのは当然です。

「日本経済は海外と比較できないくらい、特殊な成長を果たしている」「日本の１人あたりの生産性は世界のトップになった」という日本経済に対する解釈が広まるのも理解できます。たしかに一見すると、これで日本は「追いつき追い越せ」に成功して、成熟経済になったように見えるのです。

しかし、実はここには大きな盲点があります。

たしかに、日本がドル換算ベースで先進国トップとなったのは紛れもない事実です。それは事実なのですが、この時期、Ｇ７の中で日本はドル換算ベースの物価が一番高

図表4-2　購買力調整前後の日本の生産性比較

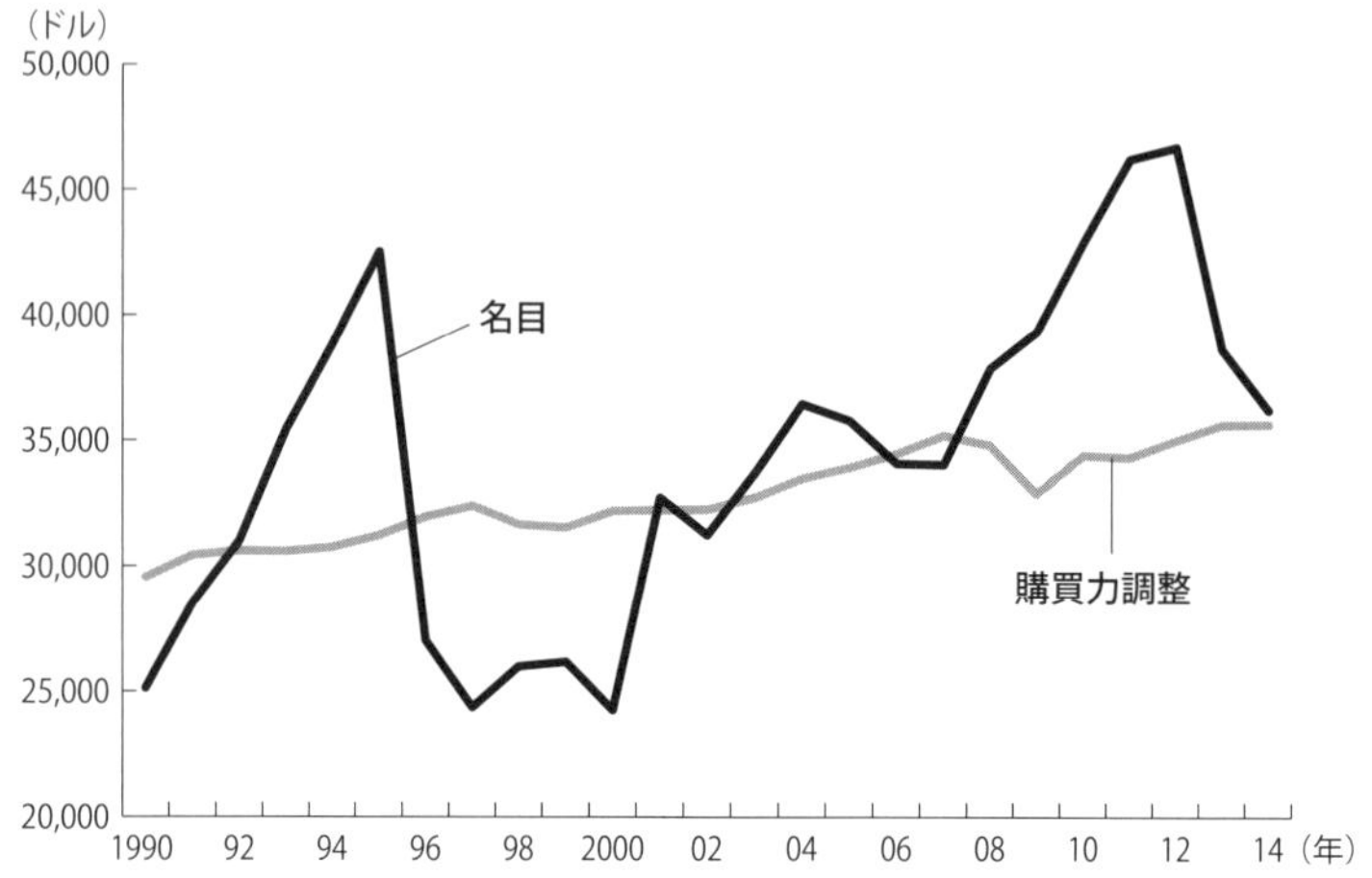

(出所) 内閣府データより筆者作成

くなっているのです。理由は、為替です。

図表4−1をご覧ください。これは第2章の図表2−5を、2014年まで引き伸ばしたものです。1995年まで、ドル換算の生産性は大きく向上してアメリカより高くなりますが、その後急激に低下します。

日本の生産性が大きく向上したのは、あくまでドル換算ベースの話です。逆に言えば、生産性はそう簡単に、それほど短い期間で、図表にあるように急激に変動するものではないのです。

このような問題があるので、「生産性」を見るときは、「購買力」を調整するのが一般的であり、ドル換算を目安にはしません。特に日本円は他の通貨と比べて変動が非常に激しいので、なおさらこの調整が大事になってきます。購買力調整前後の生産性の推移を図表4−2に示しました。こちらで見ると、購買力調整済みの生産性は、経済学の論理どおり、かなり落ち着いた推移になっています。名目の生産性は1990年から95年にかけて非常に高い伸びを示しており、この時期にアメリカを上回っていますが、購買力調整済みのGDPは、そのような極端な動きはしていません。

1995年から先進国に置いていかれる

購買力調整済みの生産性で見ると、日本は1990年、上位5カ国の真ん中の第3位でしたが、1998年にはフランスに、2000年にイギリスに抜かれ、第5位にランクを下げています（図表4−3）。

こちらは先ほど申し上げた「急」な動きはしていません。むしろ、諸外国の生産性が継続的に上昇しているのに対して、日本の生産性の改善率は低いと言わざるをえません。要するに、まわりの生産性が上がって追い抜かれてしまっているのです。

実際、1992年にはアメリカに対して83・3%だった生産性が、日本経済の「低迷時代」である2014年になると、68・4%まで低下しています。イギリスと比較しても、1992年に117・5%だったものが94・7%まで下がっています。

図表4-3　購買力調整済みの各国の生産性

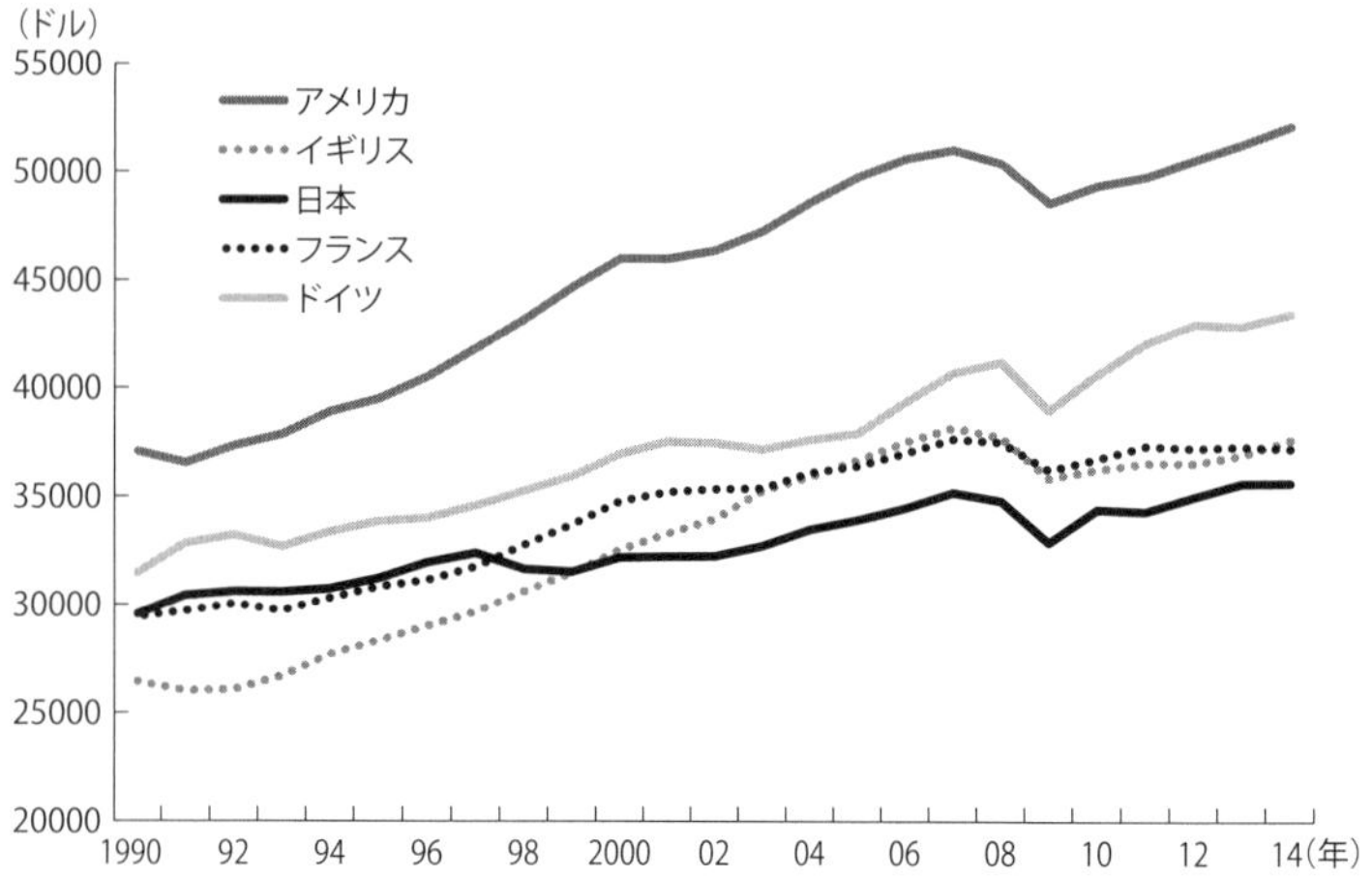

（出所）世界銀行データより筆者作成

後に詳しく見ていきますように、戦争が終わった段階では、日本は大変な打撃を受けていたので、どの先進国よりも経済基盤が崩れていました。そこからの復興は1952年から加速し、生産性は1977年にもっともアメリカに近づきました。その後は、アメリカと同程度の向上を見せています。これからもわかるとおり、日本の生産性のランキングが低いのは、もともとそうだったのではなくて、やはり「失われた20年」の結果と言うことができます。

世界銀行が公表している数字によりますと、日本の生産性は世界で「第27位」ですが、1990年には「第10位」でした。なおかつ、アメリカやドイツに比べて、それほど大きな生産性の違いはありませんでした。図表4－3をご覧になっていただければわかるように、他の先進国との間に大きな違いは確認できないのです。

以上の分析から導き出されるのは、バブル期に「日本の生産性が先進国を追い抜いて世界一になった」というのはドル換算から生まれる誤りであるという結論です。

日本の生産性は、今は相対的にかなり低くなっていますが、もともとは他の先進国と同じレベルでした。それが「失われた20年」によってギャップが発生し、1人だけ置いてけぼりになってしまったというのが本当のところなのです。

アメリカは人口ボーナス大国

では、生産性が他の先進国と同じレベルだったとすると、なぜ日本はアメリカ経済に対してこれほど大きくなり、欧州とのギャップがあそこまで大きくなったのでしょうか。それを考えることで、日本の経済制度に潜在している問題が見えてくるかもしれません。

そのためには、日本の戦後の経済成長の構造をより細かく分解し、他の先進国と比較して、日本経済の相対的な成長の要因を分析していく必要があります。

まず、アメリカと比較してみましょう。図表4－4は、1955年から2014年にかけて、

図表4-4　日本とアメリカの生産性比較

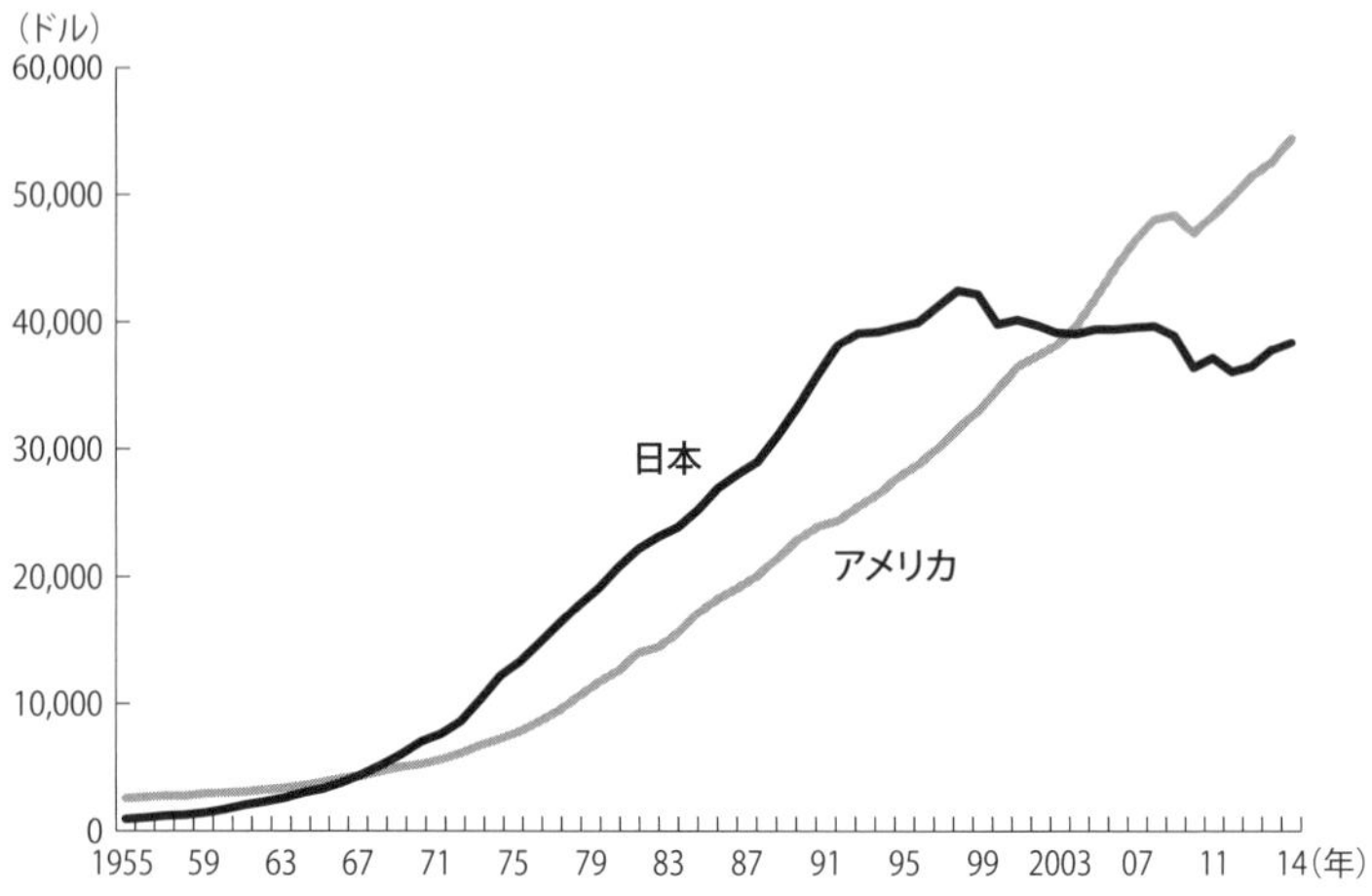

(出所) アメリカ経済統計局、内閣府データより筆者作成

日米の名目の生産性を比較したものです。

これを見ると、日本の生産性は高度成長期にアメリカを抜き去りました。1977年から1990年まではそのギャップを維持したものの、「高度衰退期」に横ばいとなり、再びアメリカの後塵を拝していることがわかります。

では、人口の推移はどうでしょうか。アメリカという国ははるか昔から、高い人口成長率をキープしています。これにはもちろん、移民という直接的な人口増加要因もありますが、それだけではありません。移民した人はしばらくの間、出生率が高い傾向がありますので、その間接的な効果もあるのです。

一方、日本の「人口」は、戦後すさまじ

図表4-5　日本とアメリカの人口の推移

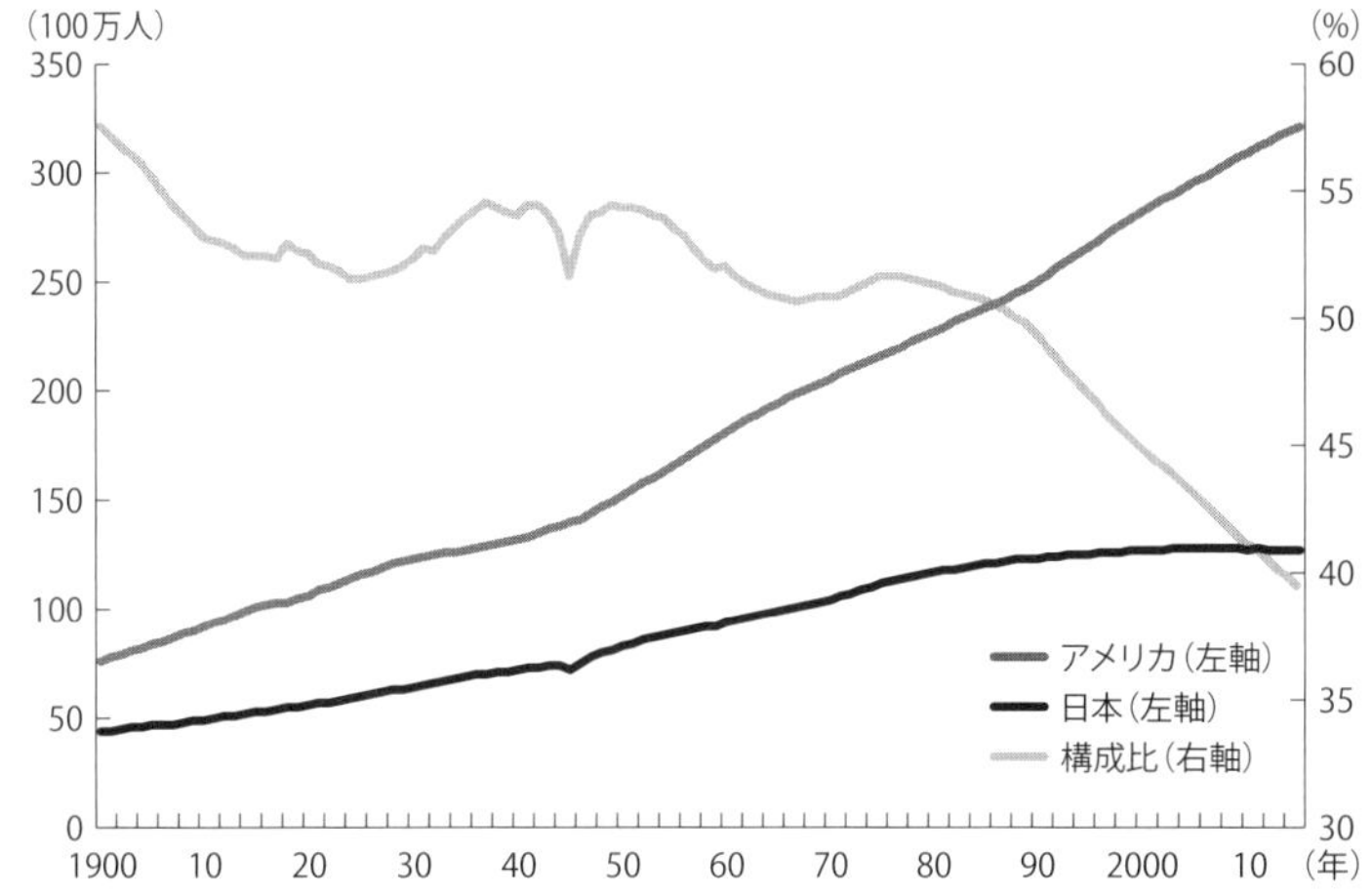

(出所) アメリカ経済統計局、内閣府データより筆者作成

い勢いで増加していきます。出生数の増加に加えて公衆衛生環境が飛躍的に改善していく一方で、国民皆保険制度によって医療が広く普及したことで、世界一の長寿大国となったことも追い風になりました。

戦後の日本の人口はアメリカの人口の51・7％。1988年まではだいたい50％以上をキープしています（図表4－5）。移民を積極的に迎えていたアメリカに負けないくらいの増加率を、移民を迎えていないのにキープしていた日本は、本当にすごい国だと感じます。

1977年まで、アメリカ経済と日本経済の差が縮まっていったのは、人口ボーナスと生産性の相対的な改善によるものでした。アメリカも日本も、人口が大きく伸びていました。その間、アメリカ経済と欧州経済の差は拡大しており、その最大の要因はアメリカの人口ボーナスでした。そのように考えると、欧州に比べて日本の成長率が高かった最大の要因は、人口ボーナスだったことになります。

このように人口と経済成長率を比較してみると、日本が高度成長期に急速に成長したのは、戦争中のGDPの激減からの回復に加えて、人口の激増が主要因ではないかという仮説が導き出されるのです。

ドイツ経済との差は人口ボーナスで説明できる

日本の人口の増加ぶりは、ヨーロッパ諸国と比べても際立っています。

たとえば、ドイツの人口は1945年から2014年まで23・0％しか伸びていませんが、日本は76・1％も伸びています（図表4−6）。両国を比較すると、1945年時点では日本の人口はドイツの人口の109・3％でしたが、2014年になると1・6倍強まで増えています。

1990年の日本の生産性とドイツの生産性がほぼ同じでしたので、1945年から1990年までにドイツ経済より高かった経済成長率は、1977年までの生産性向上の影響もあるにせよ、「人口ボーナス」がもっとも大きく寄与していると言えるのです。

図表4-6　日本とドイツの人口の推移

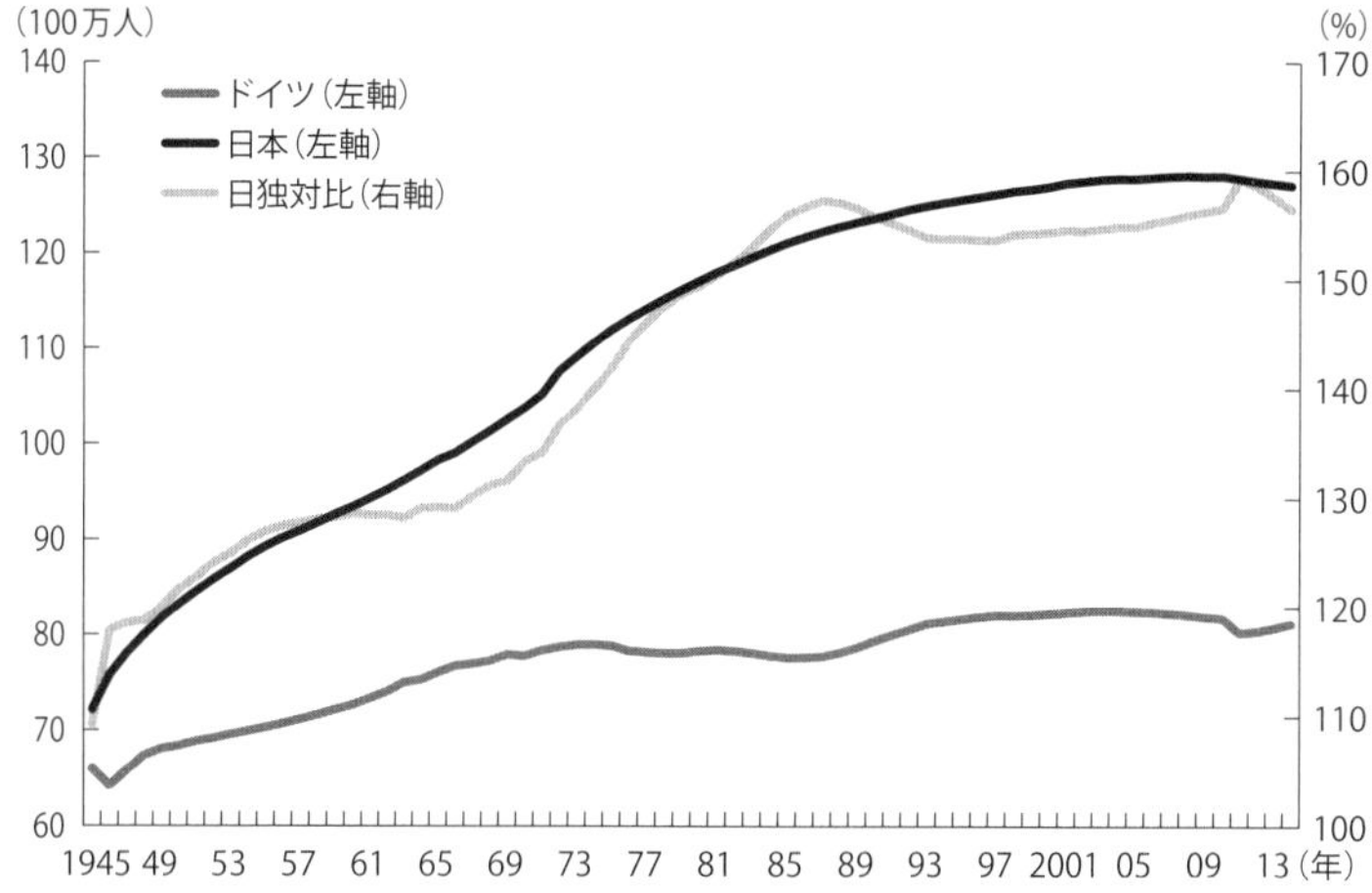

(出所) アメリカ経済統計局データより筆者作成

先進国では、人口の伸び率が高いほうが成長率も高くなりやすいというのは、ここまで本書を読んでいただいた方にはご理解いただけると思います。ちなみに、先進国の中で、人口が増えているのに生産性が下がるというケースはきわめて珍しいと言えます。

1977年以降は「人口ボーナス依存型」経済

以上のような分析から、1977年以降の日本経済の成長モデルは、生産性重視よりは「人口ボーナス依存型」である可能性が浮かび上がります。この推測を裏づけるもうひとつ大事な事実は、1990年代に入ってから日本の人口が増えなくなると、途端に経済成長も止まったということです。

経済成長に関しては、1995年に初めてGDPが500兆円を超えて以降、ややよい時期もあったものの、おおむね横ばいで推移しています。

一方、日本の労働人口（就業者数）は1997年に6557万人とピークを迎え、そこからは大きく減るというよりもじわじわと目減りしていきました。たとえば、男性労働人口は6・9％減少していますが、女性の労働人口が2・4％増加していますので、総労働人口では3・1％しか減っていません。

日本経済の相対的な成長要因が「人口ボーナス依存型」だとするのなら、理屈としては、人口増加が止まれば経済成長も止まります。そのように考えると、1992年から生産性が諸外国と比べて相対的に改善されていないという事実も、この仮説を裏づけるものだと言えましょう。

では、数字で確認していきましょう。1977年までの日本の黄金時代には、人口も増加して、生産性も相対的に大きく向上しています。図表4-7にありますように、1970年から1977年まで、日本経済は生産性向上によって208・3％、人口増加によって31・0％成長しました。この時代、日本は人口も生産性も、先進国では例を見ないほどの成長を果たしたのです。

一方、1978年以降の生産性向上率はおおむね他の先進国と同程度でした。人口成長率は

図表4-7　要因別の経済成長率（購買力調整済み）

	日本	アメリカ	欧州
1955～1969年			
人口	**95.3**	39.9	
生産性	**535.7**	93.8	
1970～1977年			
人口	**31.0**	13.6	4.7
生産性	**208.3**	82.9	153.7
1978～1989年			
人口	**19.7**	24.4	5.1
生産性	**93.5**	124.2	112.3
1990～2014年			
人口	**3.0**	63.3	18.5
生産性	**7.2**	128.1	115.9

（出所）アメリカ経済統計局データより筆者作成

アメリカ並みで、欧州を大きく引き離していました。これはつまり、1978年以降は、日本経済の相対的な成長は「生産性」の向上ではなく、やはり「人口増」が主要因だったということの証左と言えましょう。日本の皆さんには受け入れがたい話ですが、論理的に考えていくと、これは動かしがたい事実なのです。その後の低迷時代には、人口も生産性も、成長率への寄与度が著しく低くなっています。

もちろん、経済分析はそこまで単純なものではないことはわかっています。しかし、1945年から1995年までの50年間を見ると、日本がG7各国と比較して高い成長を遂げたにもかかわらず、1977年以降、相対的には生産性があまり改善されていないという事実からも、1977年以降は「人口激増」が日本の相対的な経済成長の基本だったと考えるべきです。

ただ、ここで強調しますが、私は「人口増加だけが経済成長の要因だ」などと申し上げているわけではありません。人口が増えていないのに経済成長している国もあれば、人口が増えているのに経済成長していない国もあります。私が論じているのは、2つの同じような国の間に、大きな経済成長率の違いが発生した場合、まずは「人口ボーナス」の違いに注目すべきだということです。

戦後日本の経済パラダイムは「人口増」を基本とするモデルだと考えられる。このような結論に納得できない方もいるでしょうが、他の先進国と比べてみれば、少なくとも1977年以降は「生産性向上」を基本としたモデルではないということだけは、さまざまなデータが物語っているのです。

日本は生産性で韓国に抜かれる

日本の生産性は1992年から現在まで1・02倍しか向上していませんが、アメリカは2・

図表4-8　各国の生産性の伸び率（1990〜2014年）

	名目GDP（ドル）			購買力調整済みGDP（ドル）		
	1990年	2014年	伸び（%）	1990年	2014年	伸び（%）
アメリカ	23,954.4	54,629.5	128.1	37,062	52,118	40.6
イギリス	19,095.5	45,603.3	138.8	26,424	37,614	42.3
ドイツ	22,219.6	47,627.4	114.3	31,476	43,444	38.0
フランス	21,795.2	42,732.6	96.1	29,424	37,214	26.5
日本	**25,123.6**	**36,194.4**	**44.1**	**29,550**	**35,635**	**20.6**

（出所）世界銀行データより筆者作成

1倍、イギリスは2・5倍に改善されています。また、1990年と比較するとアメリカ、ドイツ、イギリスは40％も増えていますが、日本は20％しか増えていません（図表4－8）。

このままにしておきますと、数年後には、日本は生産性で韓国にすら抜かれることが予想されます。1990年には、日本の購買力調整済みの1人あたりGDPは韓国の2・44倍でしたが、毎年そのギャップが縮まっており、2015年は1・04倍となっています（図表4－9）。生産性はやがて収入に収斂していきますので、このままですと、生活水準で韓国の後塵を拝することになってしまいます。

人口ボーナスの下で軽視されてきた生産性向上

特に1977年以降は、諸外国と比較して相対的に、日

図表4-9　日本と韓国の生産性の推移

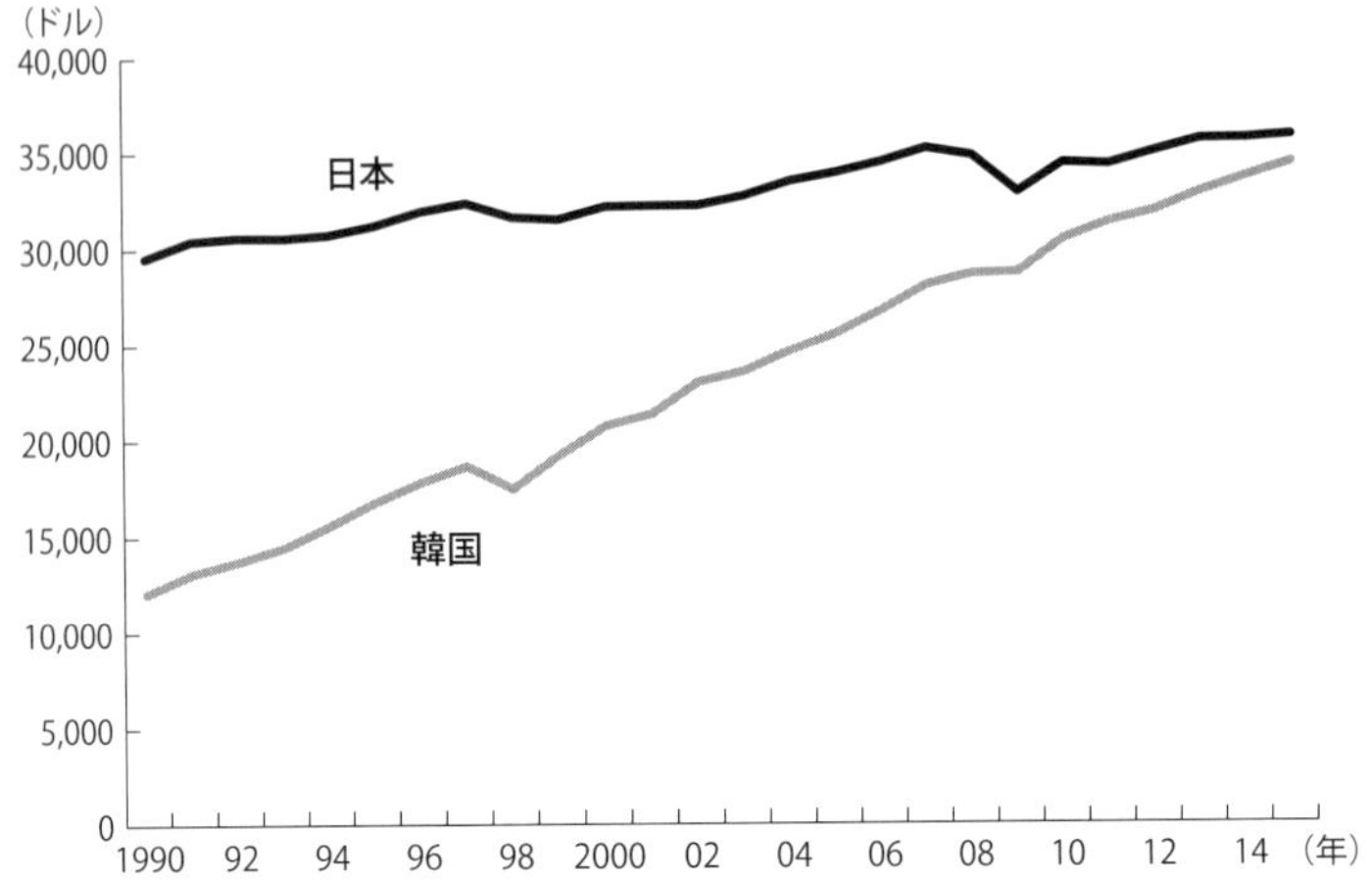

（出所）世界銀行データより筆者作成

本の生産性向上は緩やかでした。その中で人口増は、経済成長をしていく上で欠かすことのできないエンジン的な役割を担ってきたのです。だからこそ、生産性を重視する必要もあまり感じなかったし、客観的な分析もあまり行われなかったのでしょう。そのため、相対的な経済成長が人口ボーナスに依存していたことに、気づけなかったのです。

これが日本の経済パラダイムだということは、裏を返せば、人口増というエンジンの勢いが落ちてしまうと、経済成長も停滞してしまうということです。さまざまなデータが、人口増が人口減に転じたのは1990年代に入ってからだとしています。これはまさに「失われた20年」が始まった時期です。

これこそが、「経済成長が止まった大きな要因は人口減」という私の仮説を裏づける証拠のひとつだということを、ここであらためて強調させていただきます。

イギリスとフランスの比較

戦後の経済史の中で、日本に限らず各国間の経済成長率の違いを明確に説明している研究をあまり見たことがないかもしれません。

しかし、相対的な経済成長率の違いは、実は人口の増加率との因果関係によって説明できるケースが多いのをご存じでしょうか。

第2次大戦後の先進国のほとんどは、人口が増加しています。人が増えるということは消費者が増えるということなので、家、車、服、食料、電気などさまざまな分野の需要も右肩上がりで増加し、経済も成長しやすくなります。

イギリスとフランスを例にしてみましょう（図表4－10）。1970年代は、イギリスにとって最悪の時期でした。GDPが相対的に後退し、その評価は地に堕ちていました。さらに、イギ

図表4-10　イギリスとフランスの人口の推移

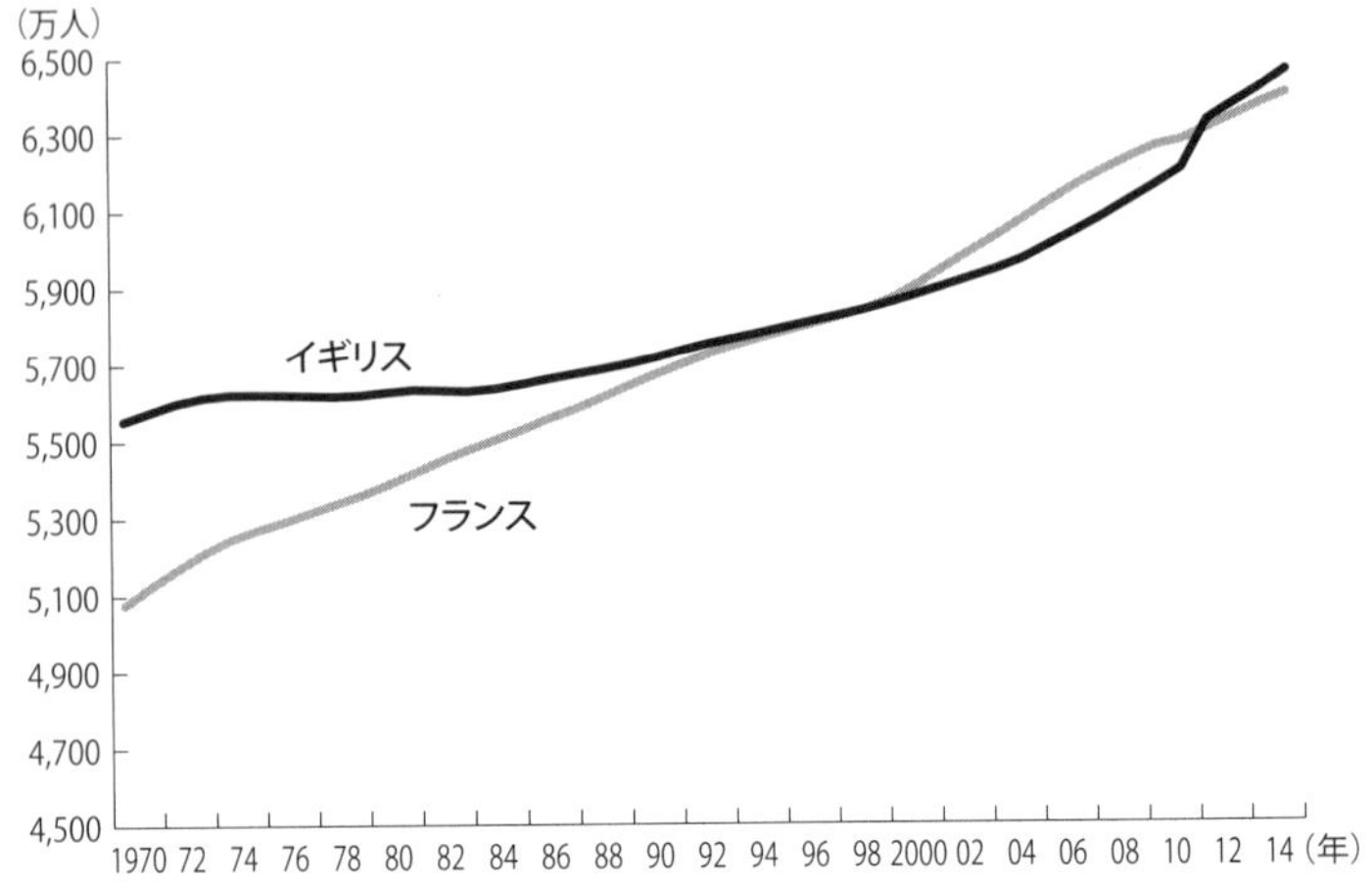

(出所) アメリカ経済統計局データより筆者作成

リス人にとって衝撃的だったのは、一時期はイタリア経済を下回ることもあったということです。

戦後の1947年、インドが独立するのを皮切りに、続々と他の植民地が独立していくと、ほぼ独占していた市場が開放されて、イギリス企業の衰退が始まりました。石油が発見されたこともあってポンド高が進み、産業革命から繁栄を継続してきた老舗企業が次から次へと倒産したのです。

国は労働党のもとで、どうにか産業革命からの社会システムを維持しようと考え、斜陽となった産業や企業を国有化していきましたが、それがかえって衰退に拍車をかける結果となり、「イギリス病」などと揶揄されるほど、経済力が低下していったのです。

この時代、イギリスでは「最初の先進国として、世界に対して衰退していくプロセスのお手本になろう」などという屁理屈を言う人が非常に多くいました。では、イギリスが何か新しいパラダイムを示したでしょうか。示していません。

ここに重要なポイントがあります。最悪期と言われた1970年代に、イギリスは先進国の中で唯一、人口が低迷していました。この事実は、非常に興味深いです。


しかし、現在はどうでしょう。

イギリス経済に対する評価はかなり高く、2015年にはフランス経済を抜いて、かつての世界第5位というポジションを取り戻すことに成功しています。

では、いったい何がイギリスの経済成長率を回復させたのでしょうか。地元のマスコミの解説記事を読んでみると、日本でよく言われるようなロジックが目立ちます。イギリスの技術力が改善した、イギリス人の勤勉な国民性によって復活を果たした、あるいは「大英帝国の底力を見せた」というどこかで聞いたような話もあります。実は日本だけではなく、経済成長率の回復をあやふやな話で説明しようという人は、世界のどこにでもいるのです。

しかし、データで見れば、イギリスが復活した理由は明白です。

イギリスは、主に欧州から多くの移民を迎えることによって、人口でフランスを上回りました。イギリスとフランスの間にはそれほど大きな生産性の違いはないので、その勢いのままGDPもフランスを上回ったのです。もちろん、イギリスに移民したい人たちが増えたのはそれだけ景気がいいからだという因果関係も考慮する必要がありますが、経済の絶対数であるGDPが伸びたのは、やはり人口が増えたことが主要因であるのは疑いのない事実なのです。

人口ボーナスでイギリスが欧州のトップとなる?

フランス国立統計経済研究所（L'Institut National de la Statistique et des Études Économiques: 略称INSEE）は、このままいけば2050年にはフランスは人口でドイツを追い抜かすと予想しています。2080年にはイギリスが8500万人、フランスは7800万人になっているのに対して、ドイツが6500万人まで減っているというのです。また、その人口を反映して、EU内のGDPの順位も、イギリス、フランス、ドイツになるだろうと予想しています。

ただ、最近になってドイツは移民を積極的に迎えていくと宣言しました。欧州の世論や外交関係などが複雑に絡み合った上での決断でしょうから、単に経済規模を考慮したものでないことは明白ですが、ドイツの人口が大きく増えるようなことがあれば、この予測も大きな修正を余儀なくされるでしょう。

なぜアメリカは沈まないのか

これが欧州だけの特殊な話だと誤解されると困りますので、アメリカのケースも見てみましょう。アメリカの人口は先ほども申し上げたように、はるか昔から、継続的な増加傾向にあります。

アメリカの国内外の経済ニュースを見ると、「アメリカ経済が悪化する」「アメリカの時代は終わる」などの予想が散見されますが、さまざまな社会問題を抱えながらも、アメリカ経済はいまだに世界の中で優位性を保っています。

この最大の理由は、やはり増え続けている「人口」にあると考えるべきでしょう。先進国としての体制が整っている上で、人口の絶対数が増えているわけですから、理論上、経済成長の潜在能力は大きくは下がりません。つまり、アメリカの優位性は実は「人口」に起因しているのです。統計を見れば、私がアメリカを去って来日した1990年から現在にいたるまでの26年間で、アメリカの人口は2・4億人から3・2億人に増えています。わずか26年で、ドイツの人口とほぼ同じくらいの人口が増えているのです。これが経済成長に影響を及ぼさないと考えるほうが、無理があります。データを見れば見るほど、人口も増やしながら生産性も上げているアメリカという国は、本当にすごいと感じます。

ただ、これは裏を返せば、インドや中国が先進国としての体制を確立し、1人あたりの生産性を向上させれば、アメリカの優位性は簡単に脅かされてしまうということでもあります。アメリカの優位性の根源である人口は、インドや中国のほうが圧倒的に多いからです。

約1800年、世界トップだったインド経済

経済史の世界的権威で、OECDのエコノミストなどを歴任した経済学者、アンガス・マディソンは、およそ2000年前から、世界経済の30％以上はインドが占めていたと推定しています。第2位は中国で、この2つが競い合う状況が18世紀まで続き、1820年代になると今度は中国経済が世界の30％を突破したそうです。

そう聞くと、いくら産業革命以前とはいえ、ヨーロッパなどがまったく出てこないことに違和感を覚えるかもしれませんが、ここも「人口」がカギになってきます。

たとえば、1820年代に中国に敗れたインドを、イギリスと比較してみましょう（図表4―

図表4-11　インドとイギリスの生産性、人口、GDP

	生産性（ドル）			人口（100万人）			GDP（100万ドル）		
年	インド	イギリス	対インド（%）	インド	イギリス	対インド（%）	インド	イギリス	対インド（%）
1600	792	1,481	187.0	142	5.0	3.5	112,464	7,405	6.6
1650	746	1,463	196.1	142	5.8	4.1	105,932	8,485	8.0
1700	728	1,809	248.5	164	8.8	5.4	119,392	15,919	13.3
1751	669	1,842	275.3	190	9.2	4.8	127,110	16,946	13.3
1801	646	1,985	307.3	207	16.3	7.9	133,722	32,356	24.2
1811	617	2,083	337.6	215	18.5	8.6	132,655	38,536	29.0
1821	587	2,080	354.3	205	21.0	10.2	120,335	43,680	36.3
1831	592	2,228	376.4	216	24.1	11.2	127,872	53,695	42.0
1841	592	2,404	406.1	212	26.9	12.7	125,504	64,668	51.5
1851	594	2,718	457.6	232	27.5	11.9	137,808	74,745	54.2
1861	562	3,124	555.9	244	29.1	11.9	137,128	90,908	66.3
1871	533	3,676	689.7	256	31.6	12.3	136,448	116,162	85.1

（注）GDPは1990年の米ドル換算

11）。国としての設備投資もほとんどされておらず、1人あたりの生産性は低かったのですが、イギリス経済よりも非常に大きな規模でした。これは単純に、人口が勝っていたのです。「数」というものが、経済においてそれだけで大きな優位性をもたらすのは、歴史が証明しているのです。

20世紀のGDPランキングは1人あたりGDP、つまり生産性の高い先進国が上位を占めていました。先進国にならないと、どんなに人口が多くても、GDPランキングの上位に食い込むことはできない。人口の多さは、あくまでも先進国間での優劣を競い合う際に影響を与えるという時代でした。

しかし、20世紀の後半になると、生産性はそれほど高くなくとも、人数が多いからランキングの上位に入れるという新しいパラダイムが生まれました。２０００年代になると、生産性はあまり関係なく、生産性が多少低くても、人口の多い国がＧＤＰランキングの上位に目立つようになりました。言わずもがな、中国、インドです。

ただ、これは21世紀の特徴ではありません。先ほどのアンガス・マディソンの言うように、中国やインドという人口大国がＧＤＰの上位を占めていた時代のほうが長いのです。これは21世紀の新しい常識に見えますが、実は古くからある「歴史的事実」でもあるのです。

もし、戦後の相対的な経済成長パラダイムが「人口ボーナス」主導であったということを理解しているのであれば、人口増加が止まる１９９０年代、あるいは減少に転じる２０００年代にそれまでのパラダイムを大きく転換し、徹底的に生産性向上を追求し、経済成長を継続させるべきでした。しかし、現実はそうなっていません。

諸外国では活発に行われてきた「生産性向上」の必要性についての議論が、日本ではほとんどなされてきませんでした。私は、その原因は「経済成長の原動力は人口ボーナスだった」ことを正しく意識していなかったためだという仮説を立てています。この仮説については、後ほど詳しく検証していきます。

第5章

日本人の生産性が低いのはなぜか

業種別の生産性を分析する

実際のところ、日本経済の「生産性」はどうなのでしょうか。

確認のためにもう1度、日本の生産性をご覧ください。購買力調整済みの生産性を見ると、日本は世界第27位です（図表5―1）。1990年からの購買力調整済みの生産性の伸び率を見ると、主要国の中で最下位。OECD平均の約40％、世界平均の約33％しか成長していないのです（図表5―2）。

さらに言うと、日本の生産性の第27位という順位には、いくつかの問題があります。

まずは、第1章でも言及したように、少子高齢化を考慮しなくてはなりません。それを調整すると、日本の順位はさらに下がります。次に、労働時間も考慮しなくてはなりません。ドイツやオランダ、フランスなど、欧州の生産性はアメリカに比べてかなり低いですが、その最大の理由は労働時間がきわめて短いからです。労働時間まで調整すると、日本以外の先進国の生産性の差は大きく収斂します（図表5―3）。ちなみに、国連のデータを見ても日本の労働時間は長いほうですが、これにはいわゆる「サービス残業」がカウントされていないという指摘があります。そこまで考えて調整すると、日本の順位はさらに悪くなります。いずれにしても、日本の

図表**5-1**　生産性ランキング（購買力調整済み、2015年、図表1-5再掲）

順位	国名	1人あたりGDP（ドル）	順位	国名	1人あたりGDP（ドル）
1	カタール	132,099	15	スウェーデン	47,922
2	ルクセンブルク	98,987	16	オーストラリア	47,389
3	シンガポール	85,253	17	オーストリア	47,250
4	ブルネイ	79,587	18	ドイツ	46,893
5	クウェート	70,166	—	台湾	46,783
6	ノルウェー	68,430	19	アイスランド	46,097
7	アラブ首長国連邦	67,617	20	デンマーク	45,709
8	サンマリノ	63,104	21	カナダ	45,553
9	スイス	58,551	22	オマーン	44,628
—	香港	56,701	23	ベルギー	43,585
10	アメリカ	55,805	24	フランス	41,181
11	アイルランド	55,533	25	イギリス	41,159
12	サウジアラビア	53,624	26	フィンランド	41,120
13	バーレーン	50,095	27	**日本**	**38,054**
14	オランダ	49,166	28	韓国	36,511

（出所）IMFデータより筆者作成

生産性を見れば見るほど、日本人が持つ潜在能力をまったく活かせてないという結論になってしまうのです。

あらためて、このポジションを聞いていかがでしょうか。世界第3位の経済大国にしてはあまりにも低いと驚かれる方も多いのではないでしょうか。私自身、3年前に初めてこの事実を確認したときは、かなり衝撃を受けたことを覚えています。

しかし、冷静に考えてみると、「なるほど、たしかにそうだ」と納得する部分が多々ありました。まず、日本は世界第2位の経済大国だった時代から、ROE（自己資本利益率）がきわめて低く、経済成長が停滞し

図表**5-2**　各国の生産性の伸び率（1990〜2015年）

国名	1990年（ドル）	2015年（ドル）	伸び率（%）
日本	**19,229.7**	**37,321.6**	**94.1**
イタリア	18,272.9	35,896.5	96.4
ギリシア	13,250.9	26,680.1	101.3
カナダ	20,084.6	44,310.1	120.6
スイス	26,734.0	60,535.2	126.4
フランス	17,505.3	39,678.0	126.7
フィンランド	17,906.1	40,600.9	126.7
ベルギー	19,052.9	43,991.6	130.9
スウェーデン	20,075.8	46,420.4	131.2
アメリカ	23,954.5	55,836.8	133.1
イギリス	17,446.3	41,324.6	136.9
チェコ	12,716.3	30,734.2	141.7
オーストリア	19,490.9	47,824.2	145.4
ドイツ	19,032.7	47,268.4	148.4
デンマーク	18,773.2	46,635.2	148.4
ニュージーランド	14,855.6	36,982.3	148.9
スペイン	13,691.8	34,526.5	152.2
オランダ	18,791.6	48,458.9	157.9
ポルトガル	11,185.1	29,214.3	161.2
オーストラリア	17,362.4	45,514.2	162.1
ルクセンブルク	32,083.2	101,926.4	217.7
香港	17,434.4	56,719.5	225.3
ノルウェー	18,255.4	61,471.6	236.7
シンガポール	22,168.0	85,208.8	284.4
アイルランド	13,384.3	54,654.4	308.3
高所得	18,092.0	44,696.0	247.0
中所得	2,553.6	10,716.8	419.7
低所得	720.6	1,644.8	228.3
OECD	16,546.9	39,765.0	240.3
世界	5,413.5	15,464.6	285.7
欧州	11,433.6	29,680.1	259.6
北米	23,567.4	54,680.3	232.0
EU	14,939.5	37,676.5	252.2
東アジア	3,165.1	15,692.9	495.8

（出所）世界銀行データより筆者作成

図表**5-3**　労働時間を調整した各国の生産性（2015年）

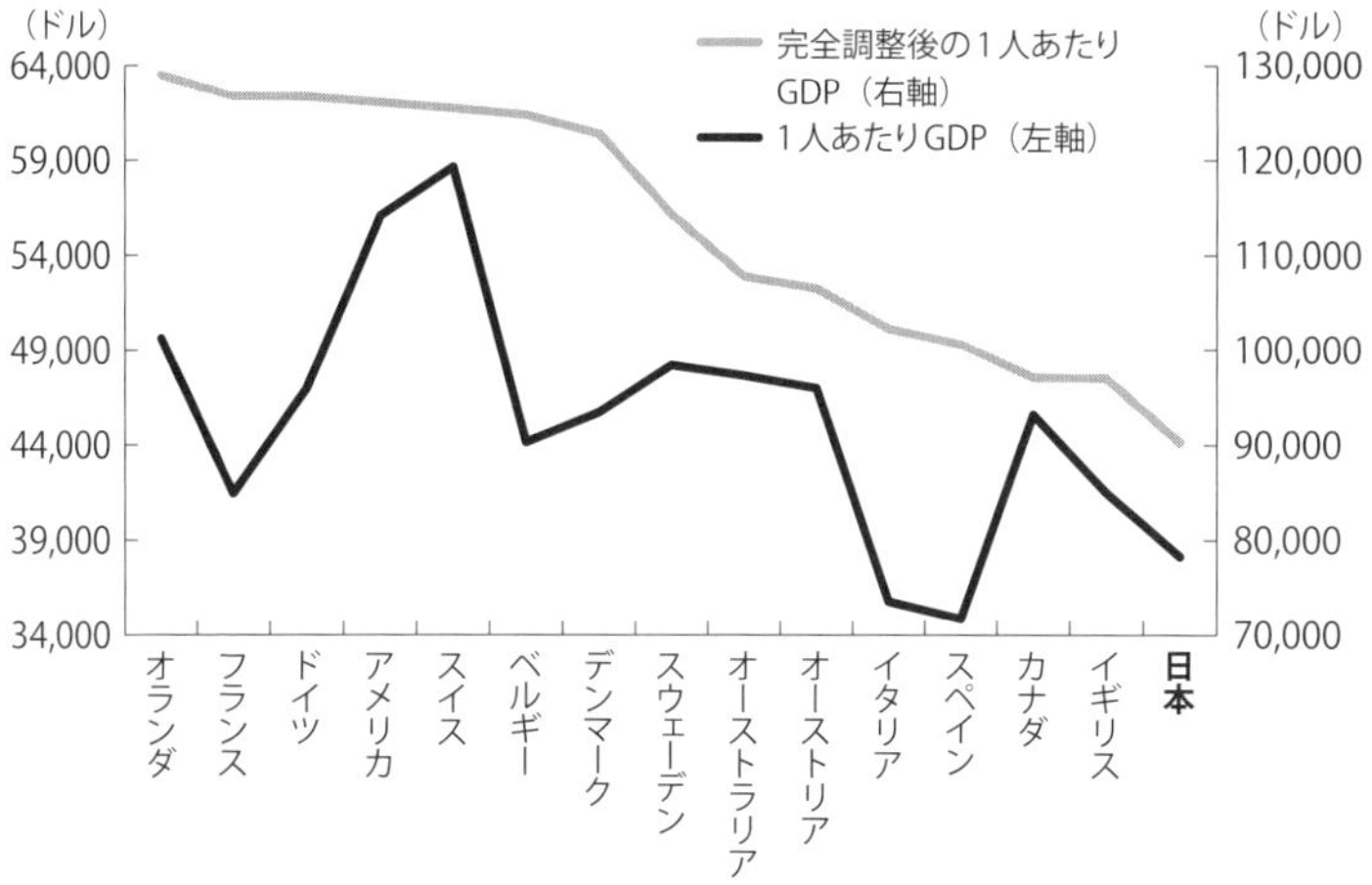

（出所）国連データより筆者作成

ているという特徴がありました。

また、アナリストの肌感覚としても、一部の日本企業以外、特に銀行、農業、建設業などのドメスティックで国際競争が少ない業界の生産性は、非常に低いのではと感じていました。規制や慣例に縛られていたり、場合によっては規制によって保護されていたりと、かなり「非効率」な部分が多い印象があったのです。

バブル以降の日本経済の低迷や、明らかに非効率な金融制度をふまえると、日本経済が世界第２位を維持しているというのも、アナリストとしては違和感と言いますか、やや腑に落ちない部分があったのも事実です。

「技術力がある」「労働者が勤勉だ」とい

う説明は当時からも常識のように語られていましたが、建設業、サービス業、農業などにおける効率の悪さが引っ掛かっていました。技術や勤勉さだけで、世界第2位というポジションを説明されることに、当時から納得できなかった部分がありました。

この不可解な謎を解いてくれたのが、「人口」という視点でした。

日本経済がここまで大きくなったことの主要因が、実は他の先進国と比較しても圧倒的に優位にある1億以上の人口なのであれば、効率の悪い制度が多少あり、生産性が低くても、世界第2位というポジションをキープすることができるからです。

日本は本当に「ものづくり大国」なのか

そこで、生産性を業界別に分解して、詳しく見ていきましょう（図表5―4）。

まずは、「ものづくり大国」日本の基幹産業である製造業からです。絶対額で見れば、日本の製造業の総生産は1・3兆ドルです。先進国の中では3・3兆ドルのアメリカと1・1兆ドルのドイツに挟まれて、第2位という地位を誇っています。「ものづくり大国」の名に恥じない実績と言えましょう。

図表**5-4**　各国の業界別1人あたり総生産額（2015年）

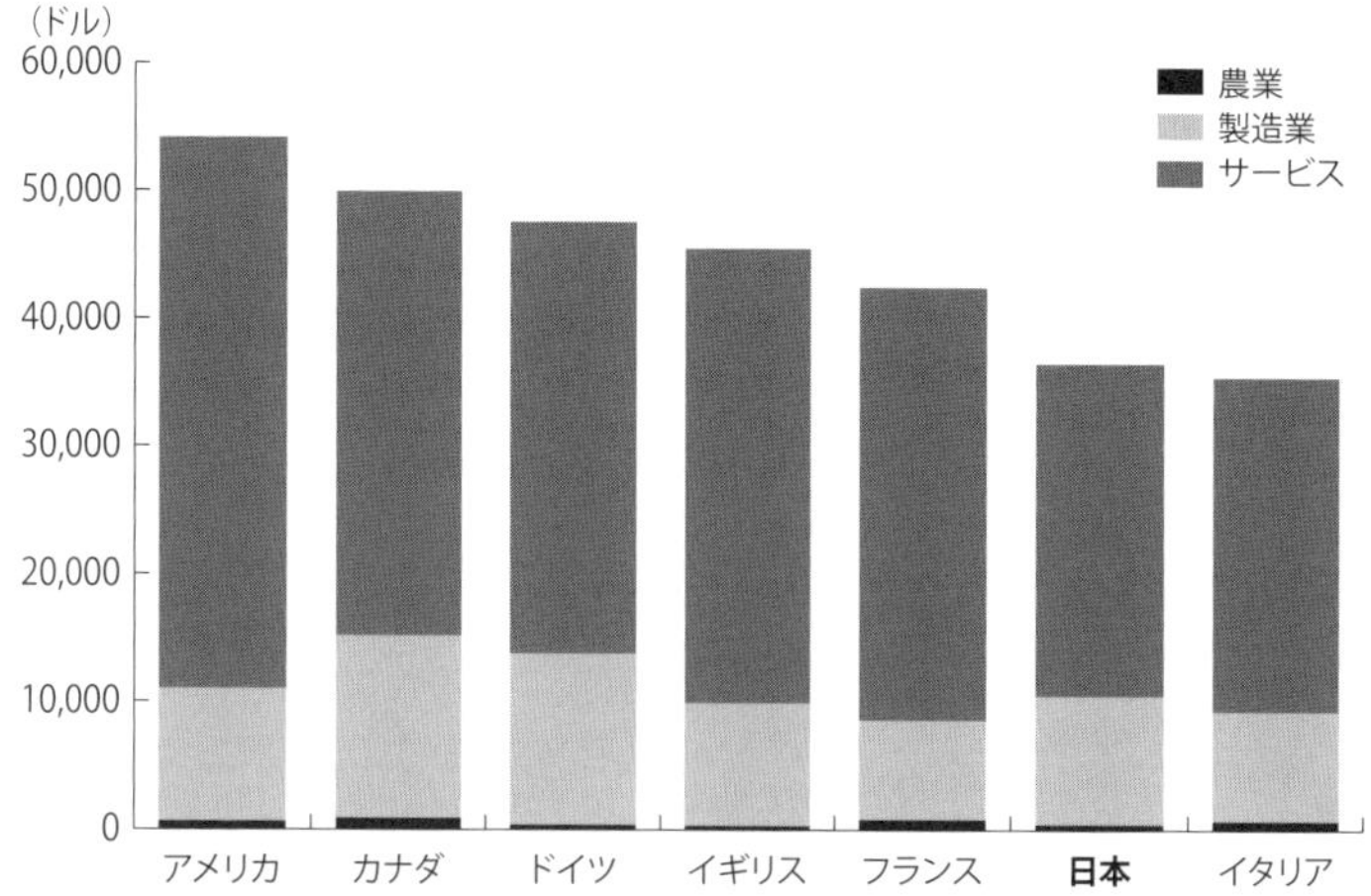

（出所）CIAデータより筆者作成

ただ、これまで見てきたように、絶対額は人口の影響を受けます。アメリカ、日本、ドイツと人口順に綺麗に並んでいることからも、やはり日本の製造業の潜在能力を正しく見極める必要があります。

図表５-５は、２０１４年のＣＩＡのデータから国別の１人あたり製造業総生産額を計算したものです。これによると、日本の１人あたり製造業総生産額は１万０００９ドル。これは先進国の中でも平均以下で、「ものづくり大国」とは言いづらい順位です。実績としては決して悪くはありませんが、よいとも言えません。輸出の実績からも、「ものづくり大国」というイメージではありません。

第１章の繰り返しになりますが、日本は

図表**5-5**　製造業の1人あたり総生産額ランキング（2015年）

順位	国名	製造業総生産額（100万ドル）	人口（人）	国民1人あたり（ドル）
1	スイス	197,238	8,341,600	23,645
2	オーストラリア	384,154	23,918,400	16,061
3	スウェーデン	150,401	9,920,881	15,160
4	オーストリア	128,640	8,741,753	14,716
5	カナダ	511,573	35,851,774	14,269
6	ドイツ	1,084,533	81,197,500	13,357
7	オランダ	208,791	17,048,500	12,247
8	デンマーク	66,314	5,724,456	11,584
9	アメリカ	3,327,015	321,961,000	10,334
10	ベルギー	114,007	11,323,925	10,068
11	**日本**	**1,269,492**	**126,832,000**	**10,009**
12	イギリス	618,481	64,800,000	9,544
13	イタリア	519,804	60,725,000	8,560
14	フランス	520,981	67,087,000	7,766
15	スペイン	340,459	46,438,422	7,331
	平均	9,441,883	889,912,211	10,610

（出所）CIAデータより筆者作成、人口は直近

総額で見ればたしかに「ものづくり大国」ですが、それは人口が多いからです。日本の「ものづくり」の総額がドイツより少し多いくらいというのも、人口差を考えると、日本の潜在能力にふさわしい「大国」を名乗れるような実績ではないことは明らかです。やはり「生産性」で見るか「総額」で見るかによって、日本の評価にはかなりの差が出るという事実を認めないといけません。

製造業を生産性で見ると実はG7の平均以下だったという事実に、少なからずショックを受ける方もいるかもしれませんが、これ

は前向きにとらえていいところです。日本が得意としており、もはや成長の余地がないと思われていた分野にも、実はまだまだ改善の余地があるのです。

輸出の国際比較をしたときにも指摘しましたが、高い技術力をもって輸出を行い、海外で競争力を発揮している日本企業があるのは紛れもない事実です。ただ、その一部の事例を日本企業全体の傾向にすり変えてはいけません。何かひとつ素晴らしいケースが注目されると、あたかもそれが全体に言えることだと考えてしまう傾向が強いのは、アナリスト時代から感じている日本社会の特徴のひとつだと思います。一部の企業が海外で実績をあげるだけでは、十分ではありません。やはりオールジャパンで挑み、成功する必要があるのです。

農業の1人あたり総生産が異常に低い

製造業に「伸びしろ」があることがわかっていただけたと思いますが、他業種になると、それはもっと顕著にあらわれます。農業分野における日本人1人あたり総生産は436・8ドルで、G7の平均と比べて圧倒的に低い水準です（図表5−6）。今、さまざまなところで日本の農業を改革すべきという声が挙がっているように、日本の農業に改善すべき点が多くあることに異論を挟む方はいないのではないでしょうか。

図表5-6　農業の1人あたり総生産額ランキング（2015年）

順位	国名	農業総生産額（100万ドル）	人口（人）	国民1人あたり（ドル）
1	デンマーク	15,624	5,724,456	2,729
2	オーストラリア	57,768	23,918,400	2,415
3	オランダ	24,258	17,048,500	1,423
4	スイス	9,257	8,341,600	1,110
5	スウェーデン	10,064	9,920,881	1,014
6	スペイン	46,426	46,438,422	1,000
7	カナダ	32,197	35,851,774	898
8	フランス	54,091	67,087,000	806
9	オーストリア	6,541	8,741,753	748
10	イタリア	42,959	60,725,000	707
11	アメリカ	209,027	321,961,000	649
12	**日本**	**55,396**	**126,832,000**	**437**
13	ドイツ	30,876	81,197,500	380
14	ベルギー	3,695	11,323,925	326
15	イギリス	20,616	64,800,000	318
	平均	618,795	889,912,211	695

（出所）CIAデータより筆者作成、人口は直近

日本の農業従事者が高齢化していると言われますが、逆に考えれば、本来はかなりハードな仕事であるはずの農業を高齢者でもこなせるほど、機械化が進んでいるということです。

ただ、それは生産性を上げて給料を上げる方向には働かず、農家の仕事を昔より楽にしただけだったのは、1人あたり総生産を見ても明らかです。

通常、産業の機械化が進めば、仕事のやり方、投入している資源、労働者のスキルなどを変えたり、磨いたりすることが求められます。農業であれば企業を進出させたり、

バラバラに点在する農地を集めたりすることで、農家1軒あたりの耕作面積を増やし、収入を上げていくことなどが考えられます。しかし現実は、改革を嫌う勢力の抵抗もあり、なかなかそうなっていません。

私が関わっている文化財の世界も、これとまったく同じです。本来は企業の数を減らし、規模の経済を追求したほうが個々の効率も上がります。しかし現実は、とにかく企業数を守り、生産性を上げずに、単価だけを上げて非効率を維持しようという動きのほうが強くなってしまうのです。

世界的には、気候・環境の問題で、農業の生産性を上げづらい国がかなりあります。温暖で湿潤な日本の農業は、それらの国と比べてかなり恵まれています。にもかかわらず、減反政策など、農業の生産性を下げるような政策を実施してきました。文化財の世界に入ってから、昔の日本の農家は農作物だけではなく、漆をつくったり、お蚕さんも育てたりしていたほか、工芸品の製造など「副業」もかなりしていたと勉強しました。専業だけでもなかなか生産性が上がらない現在の農家の姿からは想像できません。

図表5-7　サービス業の1人あたり総生産額ランキング（2015年）

順位	国名	サービス業総生産額（100万ドル）	人口（人）	国民1人あたり（ドル）
1	スイス	505,556	8,341,600	60,607
2	デンマーク	265,258	5,724,456	46,338
3	アメリカ	13,882,883	321,961,000	43,120
4	オーストラリア	1,002,267	23,918,400	41,904
5	スウェーデン	398,648	9,920,881	40,183
6	オランダ	634,171	17,048,500	37,198
7	ベルギー	410,108	11,323,925	36,216
8	イギリス	2,306,049	64,800,000	35,587
9	カナダ	1,244,947	35,851,774	34,725
10	オーストリア	300,888	8,741,753	34,420
11	フランス	2,271,817	67,087,000	33,864
12	ドイツ	2,744,138	81,197,500	33,796
13	イタリア	1,585,189	60,725,000	26,104
14	**日本**	**3,296,063**	**126,832,000**	**25,988**
15	スペイン	1,021,377	46,438,422	21,994
	平均	31,869,359	889,912,211	35,812

（出所）CIAデータより筆者作成、人口は直近

サービス業という最大の問題点

農業の生産性向上が必要だということがわかっていただけたと思いますが、実はそれ以上に改善が必要なのが、サービス業です。

サービス業における1人あたり総生産を見ると、G7の平均が3万8193・3ドルであるのに対して、日本は2万5987・6ドル（図表5-7）。これはG7諸国の中でも最下位で、イタリアにも劣っています。

日本の1人あたりGDPは3万

6434ドルですが、先進国上位15カ国の平均は4万7117ドルでした。その差額1万0683ドルのうち、9824ドルは、サービス業で説明がつきます。経済における比重が高くなっているのに生産性が非常に低いサービス業は、日本と海外の生産性のギャップ拡大に最も大きな影響を与えているのです。

それだけではなく、1995年以降の日本と海外の生産性の開きも、その大半はサービス業から発生しています。諸外国の生産性改善のかなりの部分はサービス業におけるもので、それにはITの活用が関係しています。ですから、以下では日本のIT活用について、考えていきましょう（実は、サービス業は女性労働者の割合が相対的に高いということも大きく関係していますが、それに関しては後ほどご説明します）。

IT活用による生産性改善の失敗

ニューヨーク連邦準備銀行の分析によりますと、1995年からアメリカなどの先進国の生産性が向上している最大の要因は、IT、通信業界の発達だと結論づけています。そのITがもっとも活用されている業種が、実はサービス業です。1995年以降、他の先進国の生産性が大きく向上して、日本の生産性が置いていかれている理由のひとつには、日本のサービス業が

ＩＴを十分に活用できていないからという結論が導き出されています。

アメリカ政府のデータによると、１９８９〜１９９６年までの間に発表された、さかのぼって10年間のデータでは、農業をのぞく産業の生産性成長率は年間平均０・７％でした。しかし、１９９１〜２００１年までに発表された同様のデータでは、生産性上昇率は年２・２％まで上がっており、１９９６年の上昇率だけを見ると、なんと２・７％にもなっています。

ここで注目すべきは、１９９５年から１９９８年までに改善された労働生産性のうち、55％がＩＴによる貢献だったというデータです。その存在感は年を追うごとに増しており、１９９６年から１９９９年までの貢献度は60％、１９９６年から２００１年までの貢献度は75％にも上がっているのです。

ニューヨーク連銀はその報告書に、次の文書を加えています。

"To successfully leverage IT investments, for example, firms must typically make large complementary investments in areas such as business organization, workplace practices, human capital, and intangible capital."

簡単に意訳しますと、「ＩＴ投資の効果を引き出すには、企業が組織のあり方、仕事のやり方を変更し、人材その他にも投資する必要がある」ということです。ニューヨーク連銀は、それを1995年以前の、ＩＴの効果が予想されるほど出なかった時代の分析から得られた教訓としています。この時期、ＩＴを導入しても生産性が高まらなかったのは、ＩＴを人の働き方に合わせて、いかに人を楽にさせるかに主眼があったからだと分析しています。ＩＴを人の働き方に合わせるのではなく、人の働き方をＩＴに合わせて変える必要があるのです。

これを日本のサービス業に当てはめると、非常にしっくりときます。日本のサービス業は、ＩＴの導入に際して、組織のあり方や仕事のやり方、人材などにそれほど大きな変更は加えてきませんでした。これが、日本のサービス業の生産性が低い最大の理由のひとつだと考えられるのです。

どんな業種でも、ＩＴを導入して生産性を上げるためには、大きな変化は避けられません。場合によっては、ＩＴの犠牲になってしまう業者も出てくるでしょう。しかし今の日本は、どちらかと言えば変化に対する反対が多い国ですので、結局はＩＴ導入によって生産性を上げることができなかったのだと思います。

これはきわめて重要な議論ですので、後ほどあらためて考えていきたいと思います。

研究開発費は効率が悪すぎる

次は、生産性という点で重要な研究開発費について見ていきましょう。第1章で研究開発費に関する分析を行いましたので、繰り返しになる部分もありますが、日本の研究開発費はGDPの3・6%を占めています。これは世界第3位の比率です。

この数値は、マスコミなどで日本の国際競争力の原点として非常によく取り上げられ、日本の高い技術力の根拠とされることが多いのです。表面的には、そう見えます。

しかし、この比率が高いのは事実だとしても、分子が多いから高いのか、分母が少ないから高いのかを考える必要があります。

これまで見てきたように、人口とGDPの総額が多いわりに、1人あたりGDPが少ないのが日本の特徴です。つまり、GDPは本来の潜在能力よりも少ないのです。そうなると、GDPという分母は相対的に小さいということになるので、その小さいものに対する研究開発費の比率が高いと言っても、それが本当の意味で日本の優位性、技術力に結びつくという結論にもっていくのは、あまりにも早計でしょう。他の先進国と比べて1人あたりGDPが大きく下回っている以上、研究開発費の対GDP比が高くても評価できないのです。要するに日本経済の分析では、対GDP比率を他国と単純に比較するのは危険なのです。

そこで、第1章でも触れた、研究開発費の総額をもう一度見てみることにしましょう（図表5-8）。日本の研究開発費は1708億ドル。これは世界第3位で、アメリカの36・1％です。総額で見るとアメリカよりかなり小さいですが、対GDP比で見るとアメリカの1・3倍となっています。

では、1人あたりで見てみるとどうでしょう（図表5-9）。日本の1人あたり研究開発費は1344・3ドルで、世界第10位。ドイツの1313・5ドルとほぼ同じとなっています。日本より高い9つの国々を見てみると、ほとんどが1人あたりGDPの多い国、つまり生産性の高い国です。全体の生産性が「第27位」ということに比して、「第10位」というのは決して悪い数字ではありません。たしかに日本の研究開発には優位性があるという結論に至りますが、客観的に見れば、表面的なポジションである第3位ほど高くないとも言えます。

また、1人あたりの研究開発費が「第10位」ということは、日本が投資している研究開発費は、実は諸外国ほど経済へ貢献していないという結論にもなります。

それをわかりやすく表現するため、GDPが研究開発費の何倍あるかを計算してみましょう。こうすることで、GDPに対する研究開発費がどれほどあるのかではなく、研究開発費がいくらのGDPを生んでいるかを数値化できます。それを見れば、日本の研究開発費という投資が

図表5-8　研究開発費ランキング（GDP対比、購買力調整済み、2015年、図表1-10再掲）

順位	国名	研究開発費（10億ドル）	GDP対比（%）	順位	国名	研究開発費（10億ドル）	GDP対比（%）
1	韓国	91.6	4.29	20	アイスランド	0.3	1.89
2	イスラエル	11.2	4.11	21	ノルウェー	5.9	1.71
3	**日本**	**170.8**	**3.58**	22	イギリス	43.7	1.70
4	フィンランド	7.0	3.17	23	カナダ	25.7	1.61
5	スウェーデン	14.2	3.16	24	アイルランド	3.6	1.52
6	デンマーク	7.6	3.05	25	エストニア	0.5	1.43
7	台湾	32.4	3.01	26	ハンガリー	3.4	1.37
8	オーストリア	10.9	3.00	27	イタリア	27.4	1.29
9	スイス	13.1	2.97	28	ポルトガル	3.6	1.29
10	ドイツ	106.5	2.84	29	ルクセンブルク	0.7	1.26
11	アメリカ	473.4	2.74	30	スペイン	19.2	1.22
12	ベルギー	11.9	2.47	31	ロシア	42.6	1.19
13	スロベニア	1.5	2.39	32	ニュージーランド	1.8	1.17
14	フランス	58.4	2.26	33	ブラジル	35.4	1.15
15	オーストラリア	23.3	2.12	34	マレーシア	7.6	1.13
16	中国	344.7	2.05	35	トルコ	15.3	1.01
17	シンガポール	8.7	2.00	36	ポーランド	9.0	0.94
18	チェコ	6.3	2.00	37	インド	47.9	0.82
19	オランダ	16.0	1.97	38	メキシコ	11.6	0.54

（出所）国連データより筆者作成

図表**5-9**　1人あたり研究開発費ランキング（2015年、図表1-11再掲）

順位	国名	1人あたり研究開発費（ドル）
1	スイス	1,647.9
2	シンガポール	1,608.9
3	韓国	1,518.5
4	スウェーデン	1,461.0
5	アメリカ	1,442.5
6	オーストリア	1,416.1
7	台湾	1,383.8
8	イスラエル	1,361.6
9	デンマーク	1,361.5
10	**日本**	**1,344.3**
11	ドイツ	1,313.5
12	フィンランド	1,290.6
13	ルクセンブルク	1,226.4
14	ノルウェー	1,145.2
15	ベルギー	1,063.4
16	オーストラリア	986.9
17	オランダ	946.3
18	フランス	914.5
19	アイスランド	832.6
20	アイルランド	779.0
21	カナダ	724.9
22	スロベニア	712.6
23	イギリス	677.4
24	チェコ	600.0
25	イタリア	452.1

（出所）国連データより筆者作成

どれだけ「もとをとっている」のか、その効率性をイメージできるのです。算出してみますと、日本のGDPは研究開発費の28倍です。世界の平均は47倍。これは、かなり効率の悪い投資と言わざるをえません。世界第3位という巨額の研究開発費を投資しているわりに、そこまでGDPを生んでいないということは、厳しい言い方をすると、「日本の研究開発には効率の悪い部分が多い」ということでもあるのです。

このような分析を行うと、さまざまな反論がくることでしょう。

GDPの計算が違うのではないか。あるいは、日本経済の潜在能力はGDPだけでは判断できないのではないか。いや、そもそもベースとなっている1人あたりGDPの数字が低すぎる。日本は長期投資だから短期的に成果を求めるのはおかしい……などなど、否定的な意見が多く寄せられるのが、容易に想像できます。

しかし、このような反論の礎となっているのは、日本のこれまでの研究開発の戦略を無条件に肯定し、「日本の研究開発には何の課題もない、比較自体が無駄だ」という考え方です。

後ほど詳しく論じますが、私はこのような考え方には同意できません。検証した上で浮かび上がった課題、他者と比較して見劣りするところを真摯に認めず、無条件に正当化して思考を止めてしまうことほど、非生産的なことはありません。はっきり言ってしまうと「無駄」だと思います。

もちろん、国民として自国のネガティブな事実を認めたくないという感情はよく理解できます。私も日本の潜在能力の高さはよくわかっているつもりですから、低い数値が目の前に出ると、まずは「日本の生産性がこんなに低いはずがない」と思います。この分析自体が誤りであるという方向へもっていきたい気持ちもわかります。が、これが現実なのです。

この検証をふまえ、日本の生産性の低さは、実は日本の潜在能力が世で言われているほど高くないことのあらわれだと結論づけるのも、理屈上はありえると思います。ただ、繰り返しになりますが、日本にはしっかりとした教育制度があり、社会秩序が安定しており、他にもさまざまな数値が、日本には高い潜在能力があることを示しています。

潜在能力は高いが、生産性が低いとなれば、残る結論はひとつしかありません。日本は本来、高い潜在能力をもちながらも、何かしらの原因でその力を100％発揮することができない状況にある、ということです。要するに、できるにもかかわらず、やるべきことを十分にやっていないということです。研究開発費にも、同じことが言えるでしょう。

日本の生産性についての基本的な状況がわかっていただけたと思いますが、現時点では日本国内の世論として、生産性向上の必要性はそこまで広く浸透していません。

日本人女性は、もっと「同一労働」をすべき

生産性と密接な関係がありながらも、繊細なテーマがゆえ、あまり議論の俎上に載らないもの。その筆頭が、男女の給料ギャップの問題です。海外との生産性ギャップのかなりの部分は、女性の賃金の低さで説明できます。日本では女性の労働参加率は上がっているのに、その賃金はほとんど上がっていません。これは、海外と比べても顕著な日本の特徴です。

図表5-10は、日本とアメリカにおける、男性の給与に対する女性の給与の推移を示したものです。国税庁の数字では、1979年の女性の給与は男性の給与の51・1%。一方、2014年度の調査では、52・9%。35年間で、女性の社会進出は劇的に進んだにもかかわらず、実のところ男女格差はほとんど改善されていないというのは、驚くべきことです。

ちなみに、この数字は同一労働における数字ではなく、収入そのもののギャップです。同一労働における賃金ギャップは、アメリカなど先進諸国ではかなり縮小しており、日本も例外ではありません。男女間の収入格差の議論になると、この同一労働・同一賃金の数字が引っ張り出されますが、日本は同一労働におけるギャップよりは、そもそも他の先進国に比べて男女が同一労働をしている割合そのものが低いということを、この収入ギャップが示唆しています。他の先

図表5-10　日本とアメリカの男女の賃金格差の推移

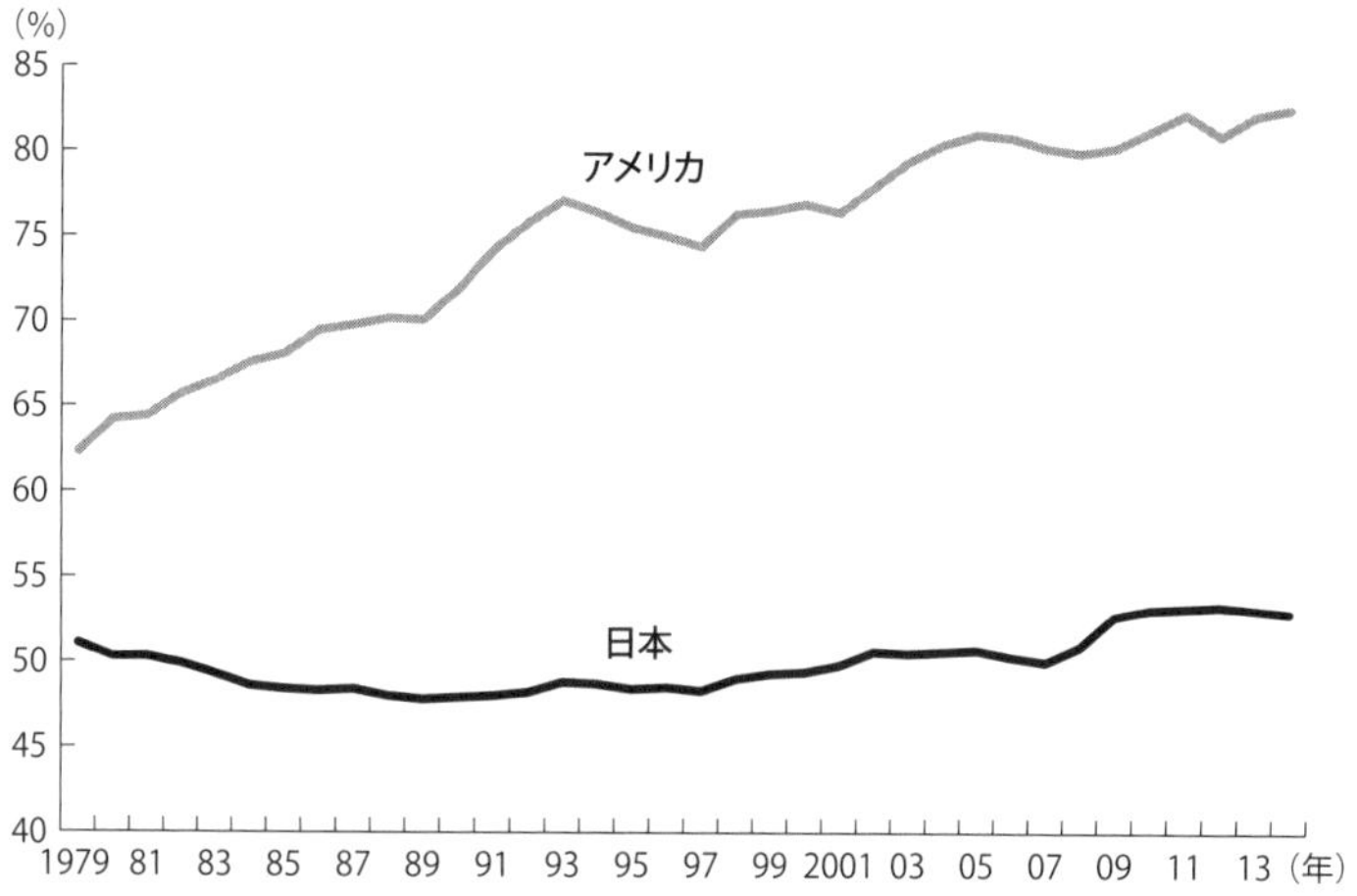

（出所）アメリカ経済統計局、国税庁データより筆者作成

進国の場合、女性進出が進んでいるだけではなく、女性が男性と同じような仕事をする場合が増えて、その賃金ギャップがクローズアップされているフェーズですが、日本は女性の就業率が高くなっているにもかかわらず、海外と比べて男性がやる仕事、女性がやる仕事がはっきりと分かれているのです。

事実、同じ時期のアメリカの数字を見ると、1979年の女性の給与は男性の62・3％でしたが、2014年になると82・5％になっています。これはアメリカにおいては、女性が男性と同じような仕事に就く割合が増えてきたことを意味します。

日本では、男性と同じポジションにいる一部の女性たちの待遇はよくなっている一

図表5-11　日本の年齢別男女給与格差（2014年）

年齢（歳）	男性（万円）	女性（万円）	平均（万円）	女性／男性（%）
19以下	157	104	130	66.2
20-24	265	231	248	87.2
25-29	378	297	344	78.6
30-34	446	301	392	67.5
35-39	502	293	425	58.4
40-44	564	290	457	51.4
45-49	629	290	487	46.1
50-54	656	291	496	44.4
55-59	632	270	480	42.7
60-64	477	227	373	47.6
65-69	389	201	311	51.7
70以上	359	204	292	56.8
全体	514	272	415	52.9

（出所）国税庁データより筆者作成

方で、得られる収入の男女ギャップは、1979年からほとんど変わっていません。このことから、男性と同じようにできる仕事の種類がそれほど増えていないという見方ができるのです。

それは、日本の年齢別年収を分析するとさらに顕著に浮かび上がります（図表5－11）。日本の女性の収入は、30歳くらいまでは男性の収入のおおよそ8割です。アメリカではおおよそ9割ですので、ほぼ変わらない水準と言えます。ただ、これが30歳を超えると、急速にギャップが広がります。日本の男性たちの収入が30歳を超えると、50代後半まで右肩上がりで増えていくのに対して、女性たちの収入はほとんど横ばい。なんと50代の後半には男性の4割近くまで下

図表5-12　アメリカの週ベースの平均収入（2014年）

年齢（歳）	男性（ドル）	女性（ドル）	女性／男性（%）
19-24	493	451	91.5
25-34	755	679	89.9
35-44	964	781	81.0
45-54	1,011	780	77.2
55-64	1,021	780	76.4
65以上	942	740	78.6

（出所）USDLデータより筆者作成

がってしまうのです。

図表5-12はアメリカの、図表5-13はイギリスの年齢別に見た男女の給与格差です。両国と比較すると、いかに日本が、年齢を重ねるにつれて男女の給与格差が拡大するか、わかっていただけると思います。

このように女性全体の収入や、男性に対する女性の収入比率がほとんど上がっていないにもかかわらず、日本では女性の参加比率だけは向上しています。労働者全体に占める女性比率が上がっているにもかかわらず、1人あたりの収入が増えていないというのは、非常に奇妙な現象です。

男性の労働者が減っているかわりに女性の労働力が期待されている、あるいは、全体の労働者を減らさないために積極的に女性労働者を採用しているとすれば、女性の年収が上がらないというのは、まったく理屈に合いません。

特に不可解なのは、女性の非正規労働者です。2005年の

図表5-13　イギリスの年齢別男女給与格差（2015年）

年齢（歳）	男性（ポンド）	女性（ポンド）	平均（ポンド）	女性／男性（%）
20以下	12,400	11,700	12,100	94.4
20-24	15,900	14,400	15,200	90.6
25-29	20,900	19,300	20,200	92.3
30-34	25,400	22,100	24,000	87.0
35-39	28,700	22,600	26,100	78.7
40-44	30,600	22,000	26,700	71.9
45-49	30,400	21,400	26,100	70.4
50-54	30,000	20,900	25,700	69.7
55-59	28,500	20,100	24,400	70.5
60-64	24,900	18,600	21,800	74.7
65-69	21,300	16,900	19,400	79.3
70-74	18,300	16,000	17,400	87.4
75以上	18,700	15,500	17,100	82.9
合計	24,300	19,000	21,900	78.2

（出所）イギリス政府の税引前年収データより筆者作成

日本の労働者数は5008万人。2015年は5284万人と、10年間で276万人増加していますが、そのうち219万人は女性の非正規労働者の増加分です。これだけ多くの女性労働者が増えたにもかかわらず、日本の1人あたりGDPは大きな改善を見せていません。逆に、女性参加率が高くなればなるほど、海外との生産性ギャップが拡大しています。これは、働く女性自身の問題ではなく、経営者の問題です。シニカルに考えれば、経営者は何とか今の制度を維持するために、少なくなった男性の数合わせとして女性を活用しているのです。これは、非常に危険な戦略です。

それを裏づけるデータもあります。図

図表5-14　日本とアメリカの生産性格差と日本の女性労働者比率

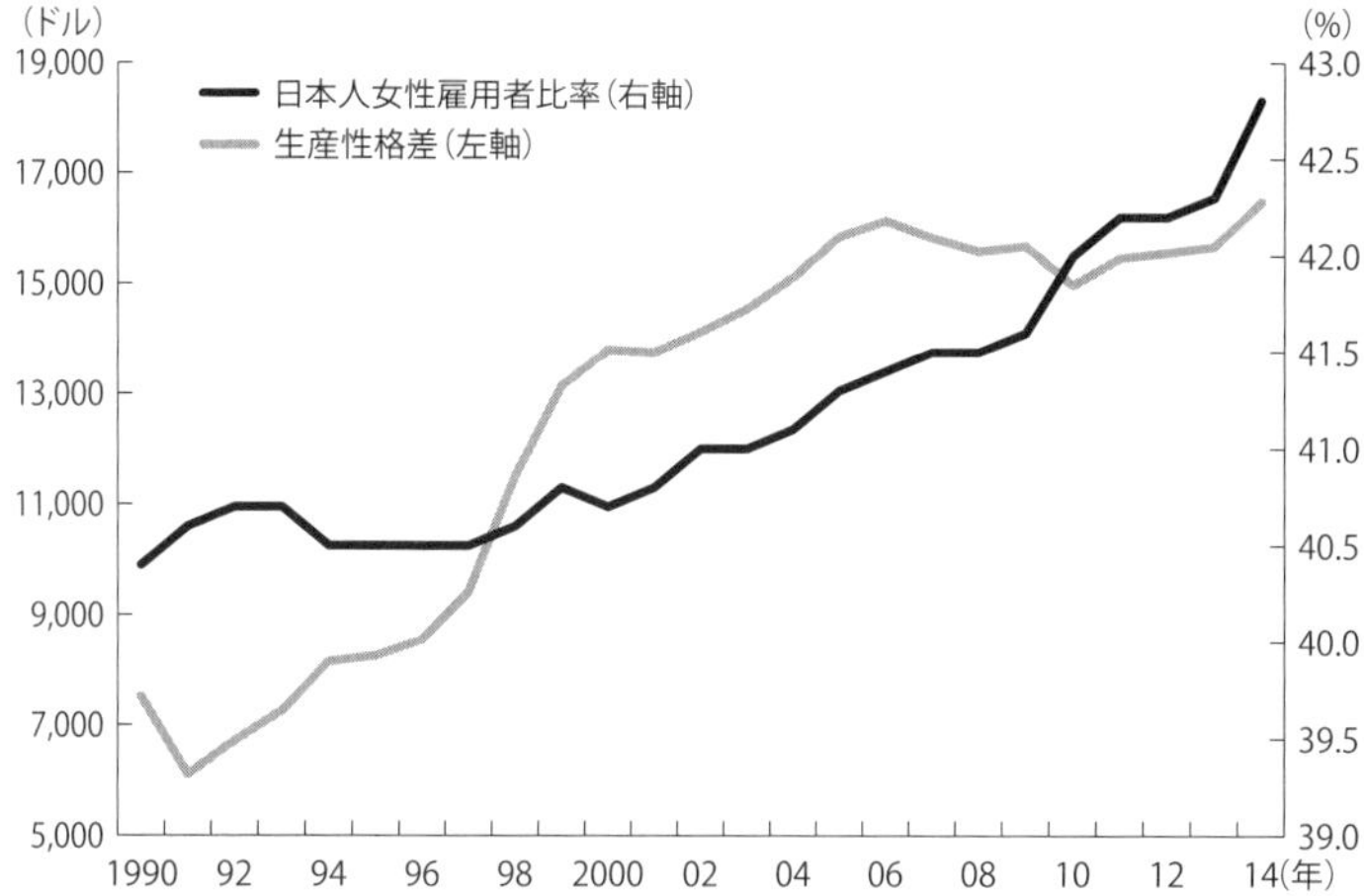

(出所) 世界銀行、内閣府データより筆者作成

表5－14をご覧ください。これは、アメリカの1人あたりGDPから日本の数字を引いた、1人あたりGDPの差額のグラフに、日本人女性の雇用者数が全日本人の雇用者数に占める割合のグラフを重ねたものです。このグラフを見れば明らかなように、生産性の格差と日本人女性の参加率には、明らかな相関関係が見てとれます。ちなみに、相関係数は67・5％でした。

このように、アメリカの生産性が日本よりも大きく改善している理由のひとつに、アメリカ人女性の相対的な生産性改善があることは明らかです。細かく計算してみると、相対的な生産性改善のうち、なんと67・2％が女性の生産性改善によるものでした。

日本人女性の収入が低いのは非正規だからと、雇用形態を重視する人がいますが、それには賛成できません。男性と同じ仕事をして、同じ生産性を上げているにもかかわらず、女性の給料が低いのならば、企業からすれば、女性は利益率の高い人材として重宝されるはずですし、企業の利益率が大きく改善するはずです。しかし、日本企業のさまざまなデータを見ても、そのような傾向は確認できません。

ということは、女性たちがもらっている収入は、実はその生産性にふさわしいものである可能性が高いのです。これならば、女性労働者の比率が上がっても、日本人全体の生産性が改善しないということにも説明がつきます。へたをすれば、女性の労働参加は生産性のマイナス要因になりかねません。

女性に「甘い」日本経済

ただ、断っておきますが、私は日本の生産性が高くないことの「犯人」が女性たちだなどと言っているわけではありません。かといって、女性たちがやっている仕事が正しく評価されない、もっと給料を上げるべきだと言っているわけでもありません。これまでの分析でも、男女間の収入ギャップを、単純な給料水準の「差別」ととらえるのは妥当ではないことは明らかです。

図表5-15　日本の男女別労働者数

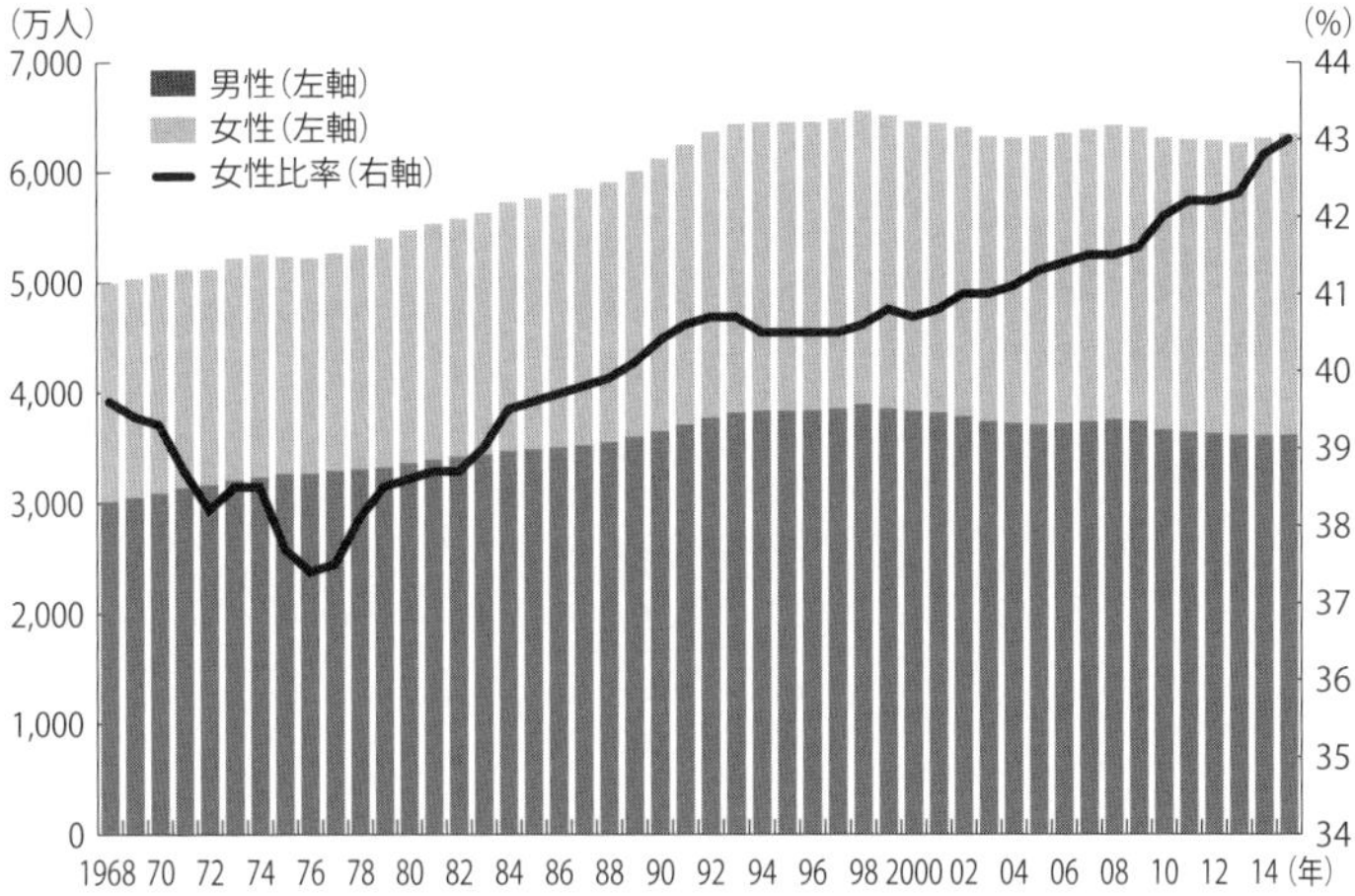

（出所）内閣府データより筆者作成

私がここで強調したいのは、日本社会の中で、女性に任されている仕事が、そもそも付加価値が低いものが多いのではないかということです。それは女性たちが自ら選んだ結果なのか、それとも企業側に問題があるのかは、後の章で考えていきたいと思います。いずれにせよ、女性にも男性と同様の福祉制度を導入した以上、女性も同一労働をするという意識改革が必要です。この福祉制度を男性だけで維持するのは、限界に近い計算となっています。女性の生産性向上は不可欠なのです。

日本で女性の労働者は全体の43%を占めています（図表5−15）。その女性たちの生産性が高くないのであれば、日本の「第27位」という低い水準を説明できる大きな要因になります。私の試算では、日米の生産性の差額の45％は、女性の生産性の違いによって説明できます。

本来は、日本人女性の収入がアメリカ人女性より低いこと自体がおかしいのです。アメリカで働くアジア人女性は、白人女性の収入の１０６％を稼いでいます。ちなみにアジア人男性の平均給与は、アメリカの白人男性の１１７％です。これはアジア人全体の数字ですが、その中で日系人と中華系はより多くの給与をもらっていると言われています。

「移民政策」は、やるべきことから目を背けるための言い訳

近年、相対的に経済が成長し、勢いがあるのは、移民を迎えている国である場合が多くなっています。ＥＵにおけるイギリス、アメリカ、シンガポール、カナダ、香港などが一例です。そこで、日本国内外の専門家の中には、日本でも同様に移民を受け入れるべきだという意見を述べる人も少なくありません。たしかに、本書でも強調してきたように、ＧＤＰと人口、人口増加と相対的な経済成長の間に強い相関関係があることは事実です。ですから、経済の絶対額をキープするために人を増やすのは、経済史上は一般的ですし、オーソドックスな理屈としては間違っていません。だからこそ、他の先進国も移民を受け入れるという決断を下しているのです。

特に日本の場合は、他国と異なり、高齢化だけではなく少子化も進んでいるため、将来的なことを見据えると移民の必要性はかなり高いとも言えます。

ただ、この理屈にはひとつ大きな穴があります。現在、移民を受け入れて経済成長を果たしている国は、「移民」だけで成長しているわけではないということです。いずれの国もそれ以外のやるべきことをやっており、生産性の水準が高いのです。

たとえば、アメリカは移民を多く迎えていますが、これまで見てきたように生産性も上げています。イギリスもそれなりに生産性を上げています。また、シンガポールや香港なども、生産性ランキングの上位につける常連組です。

つまり、移民政策を実行している国は、ただ単に移民を受け入れて人口が増えているから成長を果たしたわけではなく、その大前提として生産性向上にもしっかりと取り組んでいるのです。

日本における「移民政策」議論を聞いていると、この前提が無視されています。生産性向上という喫緊の課題を野放しにしたまま移民を受け入れて、人口を増やすことで結果が出るという、かなり乱暴な話をしているような印象です。これは完全に「移民政策」の本質を見失っています。

アメリカは巨大な人口を擁する先進国として、かなり高い生産性を維持しています。それは個人的に見てもやや無理があるほどです。いわば「経済成長中毒」の部分もあるので、経済成長を続けるために、移民を迎え続けなくてはいけないという側面があるのです。つまり、生産性を上げ、経済成長を続けていく上で移民が必要なのであって、日本のように移民が何かをごまかしてくれるという発想ではないのです。

この決定的な違いを日本の「移民政策」がどこまで認識しているか、疑問に感じています。というのも、アナリストだったときから、日本は海外の政策の表面的なところだけしか見ていないと感じることが多々あったからです。大手銀行、エコノミスト、官僚、政府の委員会などで、海外の制度を日本にもち込めば問題が解決できるというような、きわめて浅い分析をよく見てきました。

今回の「移民政策」も同じく表面的な部分しか見ていないようであれば、これはきわめて危険な事態を引き起こすと考えています。そもそも、日本が移民を迎えるには、2つの大きな課題があるからです。

まずひとつは、日本は移民に介護士や建設作業員などの分野での労働力をあてにしているのですが、これは後々大きな社会問題を引き起こす可能性があります。

たとえば、戦後のイギリスやフランスなどでは、ビル掃除、バスの運転手、ゴミ収集を担う労働者として移民を多く迎え入れました。しかし、そのような移民の多くは、イギリス社会、フランス社会の中にうまく溶け込むことができず、自分たちのコミュニティを形成し、その経済的格差を差別だと受け止める一部の人たちがさまざまな問題を起こしています。低学歴の労働者を中心に移民を迎えると、後々大きな社会的問題を引き起こすというのが、歴史の教訓なのです。

ですから現在、先進国ではポイント制を用いて、高学歴を中心に移民を迎えるという方針が主流になったのです。高学歴の移民はあまり社会的な問題を起こしません。このような現状と逆行するように、低学歴の「労働移民」を大量に迎え入れた場合、日本でも大きな社会問題を起こす可能性があるのです。

ならば、高学歴の移民を迎えればいいと思うかもしれませんが、ここにもうひとつの課題があります。それは高学歴の移民にとって日本が魅力的な国かと言うと、必ずしもそうとは言えないという点です。また、今の日本の制度を維持するのであれば、どちらかと言えば高学歴者ではなく、労働者が必要とされていることも関係しています。

高学歴の移民は、移住する国の経済が成長して、その豊かな社会の中で自分が自国より出世できる、社会的地位を得ることができる国を好みます。では日本がそうかと言うと、さまざまな問題があります。まず大きいのは、言葉の問題です。日本語は苦労して習得しても、日本以外ではほとんど使うことのない言語です。社会制度もかなりわかりづらいです。では、そのような高いハードルを上回る魅力が日本の労働市場にあるのかと言うと、これも疑問です。

たとえば、移民が出世し、日本人が部下として使われる制度を、一般的な日本企業は認められるでしょうか。移民が市長や議員になることを、果たして国民は認められるでしょうか。「そんなものは認めない、やはり日本人が優遇されるべきで、移民にそこまでの権限は認められない」という意見が圧倒的に多いのではないでしょうか。自国民にとってはそれでいいのでしょうが、これでは高学歴の移民にとって、魅力的ではありません。

日本の生産性が低いのは経営者の「経営ミス」

このような2つの課題をクリアするのは、容易なことではありません。そんな実現困難な戦略を実行する前に、生産性を向上させるほうがよほど現実的です。

高い潜在能力をもつ日本が生産性を高めることができなかったのは、はっきり言って「経営ミス」だと私は思っています。労働者が自ら進んで生産性を上げるということはほぼあり得ず、生産性向上は、経営者によってなされるのが常識だからです。そういう努力を怠ってきた日本の経営者が、人が足りないからと、社会に大変な負担となる移民を増やし、経済を支えようと考えていることには、まったく賛同できません。

これはどう考えても、１９９０年からの経営ミスに続く、致命的な経営ミスになる可能性がきわめて高いのです。

今の経済の制度を変えないままで移民を迎える意味がわかりませんし、今の生産性の低い経済の構造を維持するために移民を迎えるなら、なおさら意味がわかりません。１９９０年代の経営者に才能がなかったから、今このような状況に陥っているという意見もあります。やるべきことをやらず、表面的に海外を真似して「移民」を受け入れるというミスを犯せば、そのような評価はさらに固まってしまうでしょう。

おそらく、移民政策を考えている経営者は、第１章で説明した意識の問題を抱えているでしょう。しかし、私は移民を迎える以前に、大きな未開拓の労働市場があるからこそ、簡単に移民を迎えるべきではないと考えています。

未開拓の労働市場とは、女性の活用です。今の経営者は、男性が減っている分を女性で補填しているだけで、生産性を高めようという意識は見受けられません。それは女性に払っている給料が上がっていないことからも明らかです。うがった見方をすれば、経営者は生産性の低い今の制度を維持しようとして、やるべきことを避けている印象すら受けます。移民政策もその延長線であれば、それはあまりにも無責任な選択であると感じます。

ワークシェアリングの議論はどこに行ったのか

日本の生産性が低いことに対して、日本は人口が多いので、失業者を増やさないために企業内でワークシェアリングをしているとよく言われていました。多くの人を雇用するために、本当は1人でもできる仕事を（たとえば）3人でやっているというのです。経済の専門家たちの中にも、日本では企業が社会保障の役割を果たしており、国にかわって失業者を吸収していたと主張する人もいました。

私自身もオックスフォード大学でそう教わったので、この理屈を信じていたのですが、これも屁理屈だった可能性があります。本当は不要な人材を社会のために雇っていたから生産性が低かったのだとすれば、人口減少で労働人口も減っている今は、その人材が活かされているはずです。当然、全体の生産性にもよい影響があってしかるべきですが、そのような動きはデータ上では確認できないのです。また、ワークシェアリングをしているから生産性が低いという話は、労働者が足りないから移民を迎えるべきという考え方とは矛盾しています。

「1億人維持」は現実には不可能

現実的な政策とは言いがたい「移民政策」の代替案なのか、安倍政権は1億人の人口を維持することを目指しています。たしかに、経済成長を維持するためには、1億人の人口を維持できるのであればそうしたほうがいいのは明白です。

しかし、やはりこの政策もなかなか難しい部分があります。短期的には1億人を実現できるかもしれませんが、それを中長期的に持続させるのは至難の技です。

日本の人口は戦後あまりにも急ピッチに増えたことに加え、極端に平均寿命が伸びた反動で、今からは急激に高齢化と人口減少が進みます。だからこそ、1億人を維持するのだというロジックになるのですが、試算すると非常に難しいことがわかります。ポイントは、平均寿命と結婚率です。

平均寿命を83歳として、今の子供の数を年間100万人としましょう。その半分が女子で、仮に結婚率を70%に設定して、1億人の人口を維持するためにどれだけの子供を産まなければいけないのか。これを計算すると、既婚女性1人あたり3・44人という数値になります。これは気合やムードでどうにかなるような数ではありません。「中・長期的には1億人を持続できない」ことは、数字が物語っているのです。

いかに結婚率を高めるか、いかに子供をつくりやすい環境を整えるかは、日本において最重要の政策課題であり、引き続き官民が一体となって努力を続けなくてはならないことは言うまでもありません。

しかし、「経済成長」のためということであれば、現実的に結婚率を上げる効果が見込めるのは、やはり「生産性」の向上です。それによって給料が上がり、結婚率が上がって、子供の数が増えるはずです。「1億人維持」には、「生産性向上社会」しかないのです。

生産性向上の必要性をご理解いただけたところで、次章では、日本社会で生産性を上げていくことの大変さと課題を考えていきたいと思います。

第6章

日本人は「自信」をなくしたのか

ここまで、人口増加と相対的に高い生産性向上の両輪によって諸外国に比べて大きく伸びた「黄金時代」から、主に「人口ボーナス」によって成長を達成した「先進国並み時代」を経て、際だって生産性の伸びが低い１９９０年以降の「低迷時代」に入ったという事実を浮かび上がらせてきました。

本書の後半からは、生産性の低迷に何か構造的な問題があるのか、そしてどうすれば生産性を向上させることができるのかを中心に、議論を進めていきたいと思います。

その前に第６章では、現在の日本の社会制度などについて、私の見解を述べておきたいと思います。なぜそのような必要があるのかというと、ここからの議論を前向きで、かつ読者の皆さんの思考に刺激を与えるような、有意義なものにしていくためです。

生産性を向上させる方法を考えていくと、日本の現行の社会制度、法的規制、慣習、あるいは日本人の「生産性」や「効率」というものに対する考え方を、どうしても一部否定しなくてはなりません。中には、「いくら経済成長のためとはいえ、そこは日本人として決して認めたくない」という意見が出てくるような、繊細なテーマもあるでしょう。

ただ、そこでこの議論を頭ごなしに否定しても、日本経済の成長が滞っているという問題の抜本的な解決はなされません。既成概念や先入観にとらわれることなく、さまざまな可能性を考えていくために、まずは「今の日本」のよいところも悪いところも、真正面から受け止めていく必要があるのではないでしょうか。

本章は、これまでの数字という事実に基づいた客観的な分析とは、やや趣が異なります。そういう話はあまり好きではないという方もいらっしゃるでしょうが、今後の議論のベースになる部分でもありますので、少しだけお付き合いください。

日本を礼賛しても、経済は復活しない

さて、まずは「日本経済が停滞している」という事実が、日本ではどのように受け止められているのかを見ていきましょう。

「日本経済が成長できていない」のはデータを見れば一目瞭然であり、テレビ、新聞、経済メディアなどでもよく指摘されています。ここに異論を挟む方は見当たりません。

しかし、一方で「なぜ成長できないのか」という話になった途端、バリエーションに富むというか、多種多様な意見が出てきます。

「ガラケー」に象徴されるように「内向きなメーカーが国際競争に勝てないから」という意見もあれば、「戦後70年経ってもまだアメリカの属国であって、本当の意味で自立していない」と

ころに原因を求める方もいます。

その中でも、私が特に多いと感じているのは、「日本人が自信をなくしているから」という意見です。

バブルが崩壊して、お祭り騒ぎのような時代が終わってから、世の中を震撼させるような凶悪事件が続きました。非常に大きな地震や災害も起きています。そのような暗い世相が続いたことと同時に、日本人の誇りだった経済も低迷してきたことで、日本全体が自信を喪失し、閉塞感が漂った。それが、消費活動や経済活動にも悪影響を及ぼしているのではないかというのです。

このような主張をされる方々が、「日本経済復活の処方箋」として提案するのは、「誇りを取り戻す」ということだそうです。

あの「黄金時代」を築いた日本人のように、自国のよさや強みを誇りに思うことができれば、かつてのような「世界第2位」の経済の勢いを取り戻すことができる、というのです。

たしかに、私が初めて来日した31年前の日本には、自信に満ち溢れている日本人が多くいました。当時書いていた日記を読み返すと、出会った日本人の多くは、自国の技術力に絶対の自信をもち、その文化にも誇りをもっていたことがわかります。無論、日本経済が光り輝いていたということもありますが、なによりも「諸外国と競っても日本は絶対に負けない」という気概をもつ方が多かったような気がします。また、自信があったからか、今よりも視野が広く、心が寛容な人も多かったように思います。社会全体もルールに厳しかった一方で、今よりも許容的な部分も多々ありました。

マスコミの方に聞くところによると、現在、テレビ番組や書籍などで、とにかく日本文化を礼賛するような内容のものが多いのは、このような「自信をもてば日本は復活する」という思想に基づいていることが多いのだそうです。とにかく、自信をもってもらえるような情報を出すことが、日本のためになるというのです。

データサイエンスが足りないから抽象的な議論に

物事にはさまざまな考えがありますので、そこについて私は特に言及しません。かわりに、なぜ日本ではこのような思想が広まっているのか、その背景について考察していきたいと思います。

日本において、戦後の相対的な経済成長と人口増加の関係が綿密に分析されたという話はほとんど聞きません。数字というきわめて客観性の高いデータと照らし合わせる必要性を訴える方も、それほど多くありません。むしろ、先進国の人口とGDPランキングの間に相関関係があるのは明らかなのに、日本では、これを否定する方までいます。

よい評価以外の評価を下すことがあたかも「タブー」のようになっている。この風潮には、日本の構造的問題が潜んでいるのではないか、と個人的には考えています。

いずれにせよ、今の日本では、経済が成長しなくなった理由もさることながら、経済が成長した理由さえも客観的に分析されていないのです。こういう状況ならば、さまざまな意見が溢れかえるのも当然です。「私はこう思う」「いや、こう考える」という、いわば主観に基づく意見が次から次へと出てくるのは、客観的な視点が欠如しているからです。ある意味で、根拠があってもなくても、一定の支持さえ受けたら、どのような仮説も成立します。それこそが、「自信を取り戻せば経済も復活する」など、多種多様な意見の正体なのではないでしょうか。

日本人は構造分析が苦手？

ちなみに、これは長年、日本で金融アナリストとして活動してきて感じたことでもあります。

手前味噌ではありますが、アナリストランキングでも決して低い順位ではなかったので、「分析」を見極める目はもっていると自負しています。そういう私から見ると、日本のアナリスト業界の分析は、「甘い」という印象です。もちろん、素晴らしい分析をされている日本人アナリストもいらっしゃいますが、圧倒的に少数派です。次の決算予想などきわめて無難な分析をする方が大多数で、自らが担当している企業や業界に対する客観的な分析、厳しい構造評価などが、あまりなされていないというのが現状です。

これは、私がアナリストとして優れているという自慢ではなく、このような分析でも良しとされてきたということは、そもそも日本経済には「分析」が必要だという認識がなかったことの証左なのではないか、ということを申し上げたいのです。

著書を出版したことで、2015年から現在まで、全国で150近くの講演会をやらせていただきました。そこで感想などをたくさん頂戴しましたし、メールやネット記事に対するコメントなども多数いただいています。そのように多くの方たちと意見交換をして感じたことは、戦後の日本経済が成長してきたことに対して、冷静かつ客観的な分析に基づいた共通認識というものが、日本の中でもまだ固まっていないということです。

これは極論ではありますが、「なぜ日本経済がここまで成長したのか」という話題になると、やはり「日本の文化や社会システムが優れている」「日本人の技術力が高く、勤勉だ」という意見が大半を占めます。

そのような面を否定するつもりはありません。しかし、ならば、そのような社会システムや国民性が、経済成長に対してどれほどの因果関係があって、どれほど数字に影響を及ぼしたのかということを徹底的に検証しなくてはいけません。その検証がなければ、これらの主張は「妄想」や「願望」の域を出ないものになってしまうのです。

戦後50年の経済成長について、十分に分析されていない。なおかつ、そこでは「人口ボーナス」という、先進国のGDPランキングに影響を及ぼすことが確認されている要素に対する言及も不十分です。この2つこそが、日本において、「経済」が社会システムや国民性と結びつけられてしまった大きな要因なのです。

特徴と因果関係の区別ができていない？

では、経済を国民性や社会システムと結びつける今の考え方が、なぜ問題なのかを考えていきましょう。それは、「冤罪」を生んでしまうからです。

たとえば、戦後の経済成長を日本人の民族的優位性から説明することになれば当然、「失われた20年」の主因は、「日本人が劣化したから」という見方になります。そうなると、再び経済を成長させていくためには、終戦直後のような日本人に戻るべきという議論になり、今の教育制度がいけないという結論になってしまいます。

日本の戦後経済の分析を誤るということは、「失われた20年」を招いた「真犯人」を見逃してしまうだけではなく、何の罪もない制度や日本の文化に濡れ衣を着せて、断罪してしまう恐れがあるのです。

では、ここで日本の戦後50年に及ぶ素晴らしい実績を生み出したと言われる要素を、あらためて振り返ってみましょう。漏れているものもあるかもしれませんが、だいたい以下のような要素が挙げられることが多いのではないでしょうか。

・教育制度
・官僚の能力
・日本人は勤勉
・職人気質
・格差社会ではない
・日本の精神性
・株式の持ち合い
・利益より公益
・手先が器用
・技術大国　など

これらが日本の高度成長の支持要因だったことは事実です。日本の特徴でもあります。しかし、重要なのは、実績に対してどこまで決定的な影響を及ぼしたのかということです。

教育制度と経済成長に因果関係はあるか

そこで、よく言われる「教育制度」を例に考察していきましょう。日本の教育を他国と比較すると、均等に子供を教育しているという特徴があります。また、議論や創造性より、暗記や集団秩序が重視されており、それが「世界一勤勉な労働者」を世に送り出すことができると高く評価されていました。

しかし、近年になると、日本の教育は個性やクリエイティビティを養うことができず、命じられたことを実行するロボットを生み出している、という批判がなされ、今の時代に合っていないという見方が主流となっています。また、大学制度に関しても、入学が難しくて卒業するのが簡単ということで、大学時代が勉強しないで過ごす「モラトリアム」になっているという指摘も多く見られます。

私は日本の教育を受けたことがないので、日本の教育制度の是非を論じることに抵抗がありますが、外国人の視点から言わせていただくと、このようにかつてよいとされていたことが時代遅れと批判される現象の根底には、「経済の停滞」があるのではないかと考えています。これは、世界的にもよくあるパターンです。

たとえば、イギリス経済が低迷していた時代、国内では大学制度が非常に痛烈な批判を浴びていました。貴族社会の影響を引きずり、「エリート」を育成することに主眼を置いていて、時代遅れだというのです。私の母校オックスフォードに対しても、アカデミズムに偏りすぎているがゆえ、卒業した者はスノッブで、ビジネスに向かない。社会で本当に役に立つことを教えていないという批判もありました。当時、イギリスは「イギリス病」などと呼ばれ、世界から嘲笑されていましたので、権威のあるすべての組織が猛烈な批判を受けていたのです。

しかし、経済が好転すると、途端に評価は１８０度変わります。２０１６年にはオックスフォードの評価は、世界第1位に復活しました。オックスフォード大学自体は12世紀から、制度も文化もそれほど変わっていません。にもかかわらず、経済状況がよくなると、「成功の主要因」のように語られるというのは興味深い現象です。

批判された時代からイギリスの大学制度は大きく変わっているのではないかと主張される方もいます。しかし、それはどの国でも行っている「調整」であり、制度を根幹から覆すような大改革ではありません。制度はほとんど変わっていないのに、経済の評価にともなって、大学の評価だけが上がっているのです。今、日本の教育制度が「失われた20年」の「主犯」の１人に挙げられているのは、これと同じ現象ではないでしょうか。

教育制度を大きく変えて、本当に経済が回復すればいいのですが、もしその改革の根拠となる分析自体が誤っていたらどうでしょうか。実は経済とはまったく関係ない制度に手をつけてしまうことで、事態がより悪化するかもしれません。あるいは、日本にとってとりかえしのつかないミスになるかもしれません。

サッチャーは「女性だから」改革ができたのか

このように、支持要因のひとつでしかないにもかかわらず、それがいつの間にか主因にすり替えられるということは多々あります。そちらのほうがおもしろい、わかりやすいというものにマスコミが飛びつき、それを繰り返し報じることで、いつの間にか世論として定着してしまうのです。

その象徴が、イギリスのサッチャー元首相だと思っています。イギリスが深刻な危機に直面した時代、なぜ彼女が周囲の猛反対の中で改革を断行できたのか。イギリスでもさまざまな分析がなされていますが、その中で「初の女性首相だから」という仮説が主流です。

たしかに、あの時代に首相になるのはあまりにもリスクが高く、政治の本流にいた男たちが首相の座を避けていました。当時はまだ女性首相などありえないという時代でしたし、サッチャー元首相自身も、自分が生きている間はイギリスに女性首相は誕生しないと明言していました。そのような前代未聞のリーダーだから、前代未聞の改革ができたというのです。

この説明はたしかにわかりやすく、マスコミ的にもおもしろいので、何となく納得してしまいますが、よくよく冷静に考えると、根拠は何もありません。

では、なぜサッチャー首相は改革ができたのでしょうか。客観的に分析してみると、彼女が「イギリス史上初の理系出身首相だった」という主因が浮かび上がります。閣議の際、彼女が「おはよう」の挨拶のかわりに、「What are the facts?」から始めていたというのは有名な話です。議論する前に、かならずその前提となる客観的なデータを出して、それが意味すること、そのデータの十分さ、偏りはないか、そして、それを変えるためにはどのような対策が必要なのかを提示させていたといいます。イギリスに初めて、「統計や分析に基づく政策運営」（Evidence Based Policy Making：EBPM）を導入したとされているのです。

実はサッチャー首相自身も自らの改革を振り返り、これが主たる成功要因だと分析しています。しかし、マスコミ的には「女性だから、鉄の女だから、改革ができた」というストーリーのほうがおもしろいし、わかりやすいので、こちらを主因だとふれまわってしまうのです。

なぜこのような話をしたのかというと、マスコミの主張が時代によってコロコロ変わるのは日本だけの現象ではなく、海外でも「世論」というものは非常にあてにならないものだということを知っていただきたかったからです。

話が少々脇道に逸れてしまったので、本題に戻りましょう。

教育制度が、日本経済低迷のひとつの要素だという可能性はあるにしても、女性の収入ギャップ問題、企業のＩＴ活用問題という深刻な問題を考えれば、教育の問題は経済の低迷における決定的な主要因だという根拠は見当たりません。もちろん、時代に合わせるために調整は必要かもしれませんが、「大改革」というほどではないと感じます。

日本人は勤勉ではなくなったか

では、「世界一勤勉な労働者」という優位性の低下が主要因であるかを考えてみましょう。事実として、１９７７年までは日本の生産性は相対的に上がり続け、１９９０年まではアメリカと同程度の生産性向上率を維持しました。１９９０年から、相対的に低下していきます。それは、日本人が勤勉ではなくなったからなのでしょうか。

たしかに、高度成長時代、バブル時代と、過労死が頻繁にあって大きな社会問題になったことからも、当時の日本人が非常によく働いていたのは事実です。私も日本に初めてやってきたときは「なんとよく働く人々だ」と衝撃を受けたのを覚えています。たしかにその時代は、生産性も高い数値を記録しています。

ただ、落ち着いてよく考えてみると、それは今のようにコンピューターもない時代のことです。1990年代に入ってから急に日本の生産性の改善が遅れたことを、一概に「日本人が怠け者になったから」と断じるのは、いささか乱暴な気がします。特にニューヨーク連銀の分析をもう一度考えれば、勤勉さよりもＩＴ技術の活用、すなわち経営の問題のほうが大きいのではないでしょうか。少なくとも、労働者だけの問題にするのは、間違いだと思います。

また、海外と比べて日本の生産性が相対的に低下しているのは、女性の労働人口が増えているのに女性の賃金が上がっていないからだということをふまえると、「男性は勤勉だけれども、女性は怠け者である」という結論を認めないといけません。しかし、それも乱暴すぎるでしょう。やはり、どのような仕事を任せるかという、経営の問題のほうが大きいと感じます。

たしかに、教育制度や社会の変化によって、今の若い日本人の常識やコミュニケーション方法は、上の世代の方たちとは大きく違っています。私が見ても、衝突することを避けるきらいがある、褒めないとやる気が出ない、丁寧に扱わないと仕事が続かないなど、今の若者にはさまざまな特徴があります。

ただ、それは若い人が怠け者になったということではなく、単に日本社会の常識が変わっただけのことで、マネジメント側が彼らに合った対応をすれば解決できることなのです。なぜそのようなことが言えるのかというと、このような世代間の問題もまた、万国共通のものだからです。

イギリス人の私からしても、今の若いイギリス人のことはよくわかりません。明らかに、自分とは違う考え方をしていると思います。今はイギリスの景気がよいので、若い世代は社会を進歩させていると評価されています。しかし、もし経済が低迷していたら「若い人が怠け者になったからだ」などと槍玉に挙げられていたかもしれません。労働者が勤勉か否かというのは、経済全体のことを考えれば、時代によって評価が変わる数多くある要素のひとつにすぎないのです。

経済構造が激変しつつあり、労働者に求められているスキルも変わっています。特にＩＴがよく利用されるサービス業の構造変化に対応するためにも、教育制度を工夫して、よりサービス業にふさわしい人材をつくる必要はあると思います。しかし、生産性の相対的な後退を「勤勉かどうか」によって説明できるかといえば、説明可能な範囲はかなり小さいと思います。

技術力は下がっているか

では、「技術力」はどうでしょう。「失われた20年」の議論でも、ソニーなどの低迷や日本製テレビの国際競争力低下を引き合いに出し、かならずと言っていいほど日本の技術力低下を嘆く声が出てきます。

ただ、これも「わかりやすい話」がゆえに、主因にすり替えられた類のもので、かなり強引なこじつけだと感じています。

そもそも、サービス業を中心とした経済になった以上、「ものづくり」が30年前の評価と比べて云々という議論自体に意味があるのかという疑問もあります。日本人自身の給料の向上や、円高の影響もあります。あの時代の「ものづくり」がどこまで経済成長に寄与し、その中でどこまでが技術の競争力で、どこまでが価格の競争力だったのかは検証しがたい部分もあるのです。

現役日本人の絶対数が減少していることによって、消費者が減少し、規模の経済が著しく悪化している中で、日本経済の競争力が下がりやすくなるのは当然です。それをすべて「技術力」の一言で片付けてしまうのは、かなり暴論ではないでしょうか。

たとえば、60人の職人が在籍する小西美術工藝社を例にとりましょう。大きな会社ではありませんし、これで日本経済のすべてを論じられるなどとは毛頭思いませんが、伝統技術は日本の「ものづくり」の原点だとよく言われておりますので、象徴的なケースとしてご紹介したいと思います。

職人の世界では、「今の日本人は昔に比べて劣化している」という議論については賛否両論あります。かつての職人のほうが優れた技術をもっていたという人たちは、職人の数が減ったので層が薄くなったことや、厳しい修業がなくなったことを原因に挙げています。一方、日本人の平均寿命が伸びているので、仕事をする機会が増えて、技術力が上がっていると言う人もいます。私の考え方は、どちらかと言えば後者です。

さまざまな意見がありますが、ひとつ確かなことは、いい意味での「いい加減」が評価されなくなってしまっているということでしょう。

機械を用いた工業品が主流となった今、とにかく丈夫で均質で、綺麗にできていることが当たり前になりました。昔のように際立って品質の高いところもあれば、あまりそうではないところもあるというアバウトさは、評価されなくなっていると感じます。

実際、小西美術工藝社も含めて文化財の昔の仕事を見ると、本当に素晴らしい仕事もあれば、今なら絶対に許されない粗い仕事もあります。その平均をとれば、今のほうが「品質」はよいと私は思います。突出して素晴らしい仕事がなくなっている反面、一定の品質が担保されるようになったのです。もちろん、今は昔のように、職人に素晴らしい仕事をさせてやれるだけの大仕事、潤沢な資金がありませんので、レベルの高い仕事をするチャンスそのものがないだけで、「レベルの高い仕事ができない」ということではないことにも留意しなくてはいけません。

いずれにせよ、伝統技術の世界においては、経済的な競争力と「技術力」をダイレクトに結びつけることはできません。研究開発費を分析した際に論じたように、私は、日本の技術力に何の問題もないとは思っていません。しかし、それが日本の生産性の成長を鈍化させた「主因」であるという結論は、あまりに乱暴だと考えています。

日本人は自信をなくしたのか

では、最後に、日本経済が低迷したのは「日本人が自信をなくしたから」という仮説を考えてみましょう。

戦後の高度経済成長期には、さまざまな分野が右肩上がりで成長していたので、日本人はその腕に自信をもっていました。一所懸命に仕事に取り組み、なおかつその結果も素晴らしいわけですから、これで自信をもつなと言うほうが難しいでしょう。

経済がよかった時代、日本はたしかに自信に満ち溢れていました。だから経済が悪くなったのは、自信を失ったせいだ、自信を回復すれば、経済もきっと回復する。ロジックだけを見れば、これは正しい理屈の立て方のように見えます。

それは、日本を礼賛する本やテレビ番組が増えていることからもわかります。世界が憧れる日本経済、実は日本経済は世界最強、新幹線の車内清掃がわずか7分で終わる「奇跡」、コンビニのアルバイト店員でも瞬時にお釣りの計算ができる、素晴らしく民度の高い日本人、などという書籍や記事を読めば、日本人が自信を取り戻すことの後押しをしているのは明らかです。書いた本人たちもそのように訴えています。

少し話が脱線しますが、新幹線の車内清掃がわずか7分で完璧に行われるのは、仕事の効率を究極まで追求した清掃スタッフのレベルの高さもさることながら、日本社会の「奇跡」でもあると思います。

私は仕事柄、日常的に新幹線を利用します。先日、京都へ向かう車内でアメリカ人一家を見かけました。娘さんはどう見ても20歳くらいだったのですが、お父さんの膝の上に乗ったりして、ポテトチップスやハンバーガーを食べちらかしていました。落とした食べ物、こぼした飲み物。席のまわりはとんでもない状況でしたが、一家はそのままにして京都で降りていきました。

もしそういう乗客が増えれば、「7分の奇跡」は実現できません。日本の乗客の多くは、次に乗る人のことを考え、降車時にゴミを自分で捨てます。倒した座席をもとの位置に戻す人も多いです。そして、そもそも、食べカスなどで汚すのは「社会の迷惑」という考えがあります。日本の街が非常に綺麗で、ゴミが落ちていないのも、こういう考えがベースにあります。

つまり、新幹線の「7分の奇跡」は、おもてなし云々というサービスの品質の高さもさることながら、日本社会の「秩序」も多分に影響しているのです。

話を「自信」に戻しましょう。経済と自信の間に、果たしてどれほどの因果関係が証明できるのかはさておき、理屈の立て方としてはわからないでもありません。若い人たちに「自信」をもってもらえば、経済がよくなるかもしれないという主張も、ある程度は理解できます。

しかし、ここで私が問いたいことがひとつあります。それは、「本当に日本人は自信を失っているだけなのか」ということです。

多くの人たちと話をしても正直、それほど日本に対して自信を失っているとは感じません。むしろ、私の「日本経済が相対的に成長したのは人口増加が主要因」という主張を耳にすると、侮辱されたように感じて怒りをあらわにする方が多いことからも、日本の優位性に揺るぎない自信をもっている方が多いのではないかと思います。

このような人に、「自信をもて」「もっと誇りを抱け」と訴え続けることは、果たしていいことでしょうか。自信を通り越して、傲慢さや、批判や指摘に耳をかさない独善的な風潮を生み出してしまう危険はないでしょうか。

病原を間違えるリスク

欧州においてペストが流行した時代、当初ペストは空気感染すると信じられていました。ペスト感染者の拡大パターンを見ると、感染者に接触していない人も感染していたことから、唯一の可能性である「空気」が犯人とされたのです。

そこで貴族たちは、オレンジやスパイスなどをかき集め、夏でも火を焚いて、必死に空気を清めていました。無論、効果はありません。ペストはネズミに寄生しているノミによって感染するので、必死に空気を清めた人たちの中からも感染者が出ました。

多くの死者を出した後、感染者の近くにネズミの死骸があったことが注目され、ようやく対応の方法がわかりました。なぜこのような話をしたのかというと、主要因を見誤ることは、社会にこれほど甚大な被害を与えるものだ、ということをあらためて申し上げたいのです。

ゴールドマン・サックスでアナリストをしていた時代から、日本の風潮について感じていることがひとつあります。

それは、日本の「経済の専門家」による、日本経済の構造に対する徹底的かつ冷静な分析が足りていないということです。分析のような体裁をとっていますが、根拠がない「感想文」のようなものが多く、もっと悪く言えば「妄想」や「幻想」の類も少なくないのです。

「日本人が自信を失っている」という言説について、イギリス人の私がとやかく言う筋合いはないのかもしれません。

しかし、日本で長年暮らし、経済分析をしてきた身からすれば、この言説にもやはり冷静な分析がなされていないような印象を受けます。これほどさまざまな手を打っているにもかかわらず、アベノミクスの効果はそう簡単には出ていません。そこからもわかるように、「日本病」の正体は「自信を失っている」程度の問題ではなく、もっと根が深いと考えています。ペスト同様に、「病原」を見誤ると間違った対策をとることとなり、大きな被害を生みます。「失われた20年」の間、効果的な対策がとられず事態が改善されなかった最大の理由は、ここにあるのではないでしょうか。

「失われた20年」は十分予想できた

日本経済は１９４５年から１９９０年という長い期間、「人口ボーナス」の恩恵を受けてきました。１９７７年までの生産性はアメリカに比べて相対的に改善し、１９７７年から１９９０年までは人口増加率も生産性向上率もアメリカ並みの水準をキープしてきました。１９７７年から１９９０年までは、欧州と比べると相対的な優位性が上がっていきました。

しかし、それは「失われた20年」で終わりを迎えました。

繰り返しになりますが、ＧＤＰは「人口×生産性」ですので、人口が増えず、生産性も改善されなければ当然、ＧＤＰは伸びません。人口が増えている国や、生産性が上がっている国と比較すれば、相対的に悪化していきます。

つまり、「失われた20年」は、実ははじめから予想できたことなのです。

人口増加が止まったので、生産性を徹底的に改善するという決定がなされないかぎり、ＧＤＰは成長しません。そこには、「日本人としての自信」や教育制度、官僚主義、縦割り行政などという抽象的な仮説が入り込む余地はありません。数字に基づく事実です。

ただ、日本ではこれが「予想できた」という意識すらありません。それは「失われた20年」という言葉に如実にあらわれています。「失われた」という表現は、「本来はあるものがなくなった」というニュアンスです。多くの日本人は、「経済は成長していくのが当たり前」と信じ込んでいます。それが「失われた」という言葉に凝縮されているのです。この意識が変わらないかぎり、日本経済の成長はありません。

私から言わせれば、この「失われた20年」は経済成長を失っていたのではありません。「国を挙げて生産性改善へと踏み切るのだという気概」を失っていたのです。きちんと分析すれば成長しない理由は明らかになったはずなのに、「日本人は自信を失った」「官僚の縦割り行政が悪い」「日本型資本主義はすばらしい」などと、論点のずれた議論が繰り返されてしまいました。

1990年の時点から、日本で生産性向上の議論がもちあがらないことを懸念し、これがいずれ大きな問題になるのではと危惧していました。ただ、当時の私もまさかその先20年も、このような気概を失い続けているとは予想できませんでした。

それは、日本が何によって成長してきたのかという「主要因」の分析もしかりです。「失われた20年」とは、日本が客観的に自らの成長を振り返ってこなかった20年とも言えるのです。

第7章

日本型資本主義は人口激増時代の「副産物」に過ぎない

私は、自身のビジネスライフ、アナリストとしての長年の経済分析の経験から、日本が相対的に改革の難しい国であり、だからこそ生産性改善が進んでこなかったのだと考えています。どんなに小さなことを変えようとしても、「日本型資本主義に反する」「西洋の押し付け」などと言われます。今の仕事でよくあるのは、表面上は賛成し、形だけは変えるけれども、できるだけそれを骨抜きにして、実態が変わらないようにすることです。やはり、昨日までやっていた仕事を今日もそのまま続けてやりたいという気持ちが強いと感じます。一方で、最近話題の「保育所は必要！　でも、うちの近所はダメ！」という総論賛成、各論反対の風潮もあります。

改革が難しい理由は、かつての日本では人口が激増していたため、ほうっておいても経済が拡大していたことです。改革して生産性を大きく向上させる必要がなかったため、改革しないという習慣が根付いてしまったのではないでしょうか。私は、この「人口激増時代が生んだ思考」こそ、日本のあらゆるところで弊害を引き起こしている諸悪の根源だと考えています。

日本は1990年代に入ってから、口では経済成長したいと言いながら、人口が増えない中で、それを実現するために不可欠な生産性向上策には取り組んできませんでした。それによってGDPは成長していない。このもっとも重要な事実が、すべてを物語っています。

そこまで改革が必要だという認識がなかったのか。あるいは、ニューヨーク連銀が分析するように、ITを生産性向上に活かすための、組織の改革、企業形態の改革、人材の再配分、仕事のやり方の改革に着手できないほど、強い反発や抵抗勢力があったのか。理由はともかく、経済成長に不可欠だった生産性改善がさほどできていないことは、動かしがたい事実です。

国際交流は改革の礎

一般的に、特に海外では、日本の強みのひとつは「カイゼン」であると言われています。「トヨタ生産方式」に代表される、この日本の製造業が誇る作業システムは、世界で通用する言葉となっています。

「カイゼン」といえば、日本の生産性向上を象徴する言葉となっている一方で、1977年以降は相対的な日本の生産性の「改善」をデータで確認することはできません。

私は、「カイゼン」という言葉の普及と、現実の生産性の大きなギャップには、日本の生産性の相対的な低さを読み解く非常に重要な2つのポイントが隠れていると思っています。

ひとつは、先ほどから述べているとおり、相対的な経済成長の主因が人口増加だったことを、多くの人が認識していないことです。経済は人口に比例しているという概念がないので、世界第2位の経済大国になった理由を、日本の生産性が高いからだと誤解しているのです。

もうひとつは、トヨタなど一部の企業の生産性を、日本社会全体に投影してしまっている可能性です。トヨタなどの一部製造業の生産性の高さを示すデータはいくらでも存在しますが、日本経済全体の生産性の高さを証明するデータはなく、むしろ低さをあらわすデータが多いです。トヨタなどの「カイゼン」の印象があまりにも強いため、他の日本企業もトヨタ同様に生産性が高いに違いないという「思い込み」を生み出してしまっている可能性があるのです。

ただし、今まではそれが通用したかもしれませんが、これからはそうはいきません。人口が増えない中で経済成長するには、生産性向上しかありません。生産性向上とは、言うまでもなく、日本の労働者全員の仕事のやり方、各業界のあり方、人の配分などを、根本から変えることです。しかも、それは期間限定ではありません。変えたことを毎日継続していく必要があります。並大抵のことではありませんが、それができるかどうか。

世界の経済史の見地に立つと、このような継続的な改革がやりやすいのは、貿易が盛んで、移民を迎えている、国際交流が多い国だと言われています。貿易が基幹産業ということは、海外との関係を構築していく上で新しいやり方、考え方を否定せず受け入れる土壌があるということです。自分の国の商品を海外で売るためには、異なる価値観も認めざるをえませんので、組織のシステムや働き方も柔軟に変化できるからです。

また、移民は経済成長に貢献する一方、新しいサービス、文化、思想をその国へもち込んでくることで、改革を促します。たとえば、イギリスは諸外国から食文化があまりない国だと言われてきましたが、現在は非常に外食産業の評価が高くなっています。これは、移民によってさまざまな食文化がもち込まれた影響だと考えられます。

移民はさておき、貿易という点では日本は盛んなので、改革をやりやすい国ではないかと思う人も多いかもしれませんが、その認識は誤っています。

たしかに日本の輸出額は大きいですが、1人あたりで見ると他の先進国と比較して決して盛んでないのは、何度も見てきたとおりです。残念ながら、日本経済が相対的にかなり縮小していますので、日本の商品が注目されなくなり、海外での認知度が低下しているのも事実です。

このように貿易が盛んとは決して言いがたい現実に加え、移民も圧倒的に少ないことは、説明の必要がないでしょう。さらに、これまで拙著『新・観光立国論』などでも繰り返し述べているように、日本は先進国の中でも外国人観光客が際立って少ない国です。つまり、日本は先進国としてもっとも閉鎖的な国なのです。奈良時代、明治時代、戦後を考えたとき、下手をすると今がもっとも交流が盛んではない時代かもしれません。すなわち、「もっとも改革しにくい時代」「もっとも『日本人目線』が強くなっている時代」であると言っても過言ではないでしょう。

「黒船」に弱いのは日本だけではない

黒船の時代から、日本は海外からの圧力によって変わることが促されてきたと主張される方が多いですが、それは日本独特の特徴ではなく、世界各国にも言えることだそうです。しかし、今の日本では、経済が相対的に縮小しているため、交流が減り、外圧も減っています。日本経済を長年見てきた私からすると、１９９０年代と現在を比較しても、「黒船」と呼ばれるような外圧は圧倒的に少なくなりました。

私自身、外資系投資銀行という「外圧」に長く身を置いていましたし、現在は３００年以上続く日本の伝統的な職人集団の中で、経営を立て直す「外圧」となっています。そこで感じたのは、日本社会で仕組みを変えることは、非常に難しいということです。変化に対する抵抗との戦いこそが、私のビジネス人生と言ってもいいでしょう。

私がアナリストだったころは、不良債権が発覚し、銀行合併が進められた時代でした。私は日本の金融システムを改善すべきということを、具体的な改革案も含めて提言してきたつもりですが、ほとんど耳を傾けられることはありませんでした。誰もがメリットを受けるはずの改革が実現されるまで、実に10年もの年月がかかりました。

小西美術工藝社の社長になってからも、経営を立て直すために行った改革は山ほどありますが、そのたびに職人文化や業界の慣習との対立を余儀なくされ、なかなか思うような改善がはかれないこともありました。業界全体を回復させるためにさまざまな提言をしていますが、メリットは無視され、あたかもデメリットだらけの提言だとでも言うように、徹底的に反対されることが多いです（私のやり方のせいかもしれませんが）。

つまり、日本の改革を嫌う文化は非常に根が深く、「外圧」で変われるような簡単な話ではないのです。そこには、日本社会の「奇跡」と言われる成功を背景に、変えたくない、変える必要性を感じないという思想が横たわっているのではないかと思います。

だとすると、エコノミストや評論家たちが言う、「とにかく規制緩和が必要だ」という主張はかならずしも正しくはありません。たしかに規制だけが問題であれば、規制緩和によって生産性が上がる可能性がありますが、民間側に組織体制を変える意思がないなら、いくら政府が規制を緩和しても、生産性が向上する可能性は低いでしょう。私は、今の「変えない」ことを美徳とする傾向を見るにつけ、規制緩和程度で生産性が上がるとは思えません。この問題は、もっと根が深いものです。

日本人の楽観主義

なぜそう思うかというと、「高度成長の後遺症」と言うべき壁が見受けられるからです。高度成長を生み出したのが、今の日本の社会制度、働き方だと考えれば、それを変えたくないと思うのは当然です。また、今はたまたまそれがうまく機能していないだけで、社会制度を変えず、働き方も変えず、少し我慢さえしていれば、かつてのような高度成長が訪れるに違いないという願望もあるでしょう。

私はこのような「高度成長の後遺症」が、日本社会に大きな影響を与えていると感じています。

この本を書いている途中、高度成長の遺産を久し振りに分析していたら、実はさまざまな分野で高度成長の「余韻」とも言うべきものがあることに気づきました。

その代表が、日本人の考え方です。イギリス人の私にとって、日本人の考え方は、ともすれば「楽観主義」に見えることがあります。厳しい言い方をすれば、「甘い」のです。

「日本人は用心深くて慎重だ」と言うわりに、計画性があまりない。長期的な視点よりも、目の前にあるイベントに飛びついてしまう。たとえば、文化財に関して言えば、世界遺産にさえ登録されればすべてがうまく回る、後は黙って待っていても観光客が大挙して押し寄せるなどという考えは、その典型でしょう。一方、何に対しても反対することで「社会が変わらない」という危険を意識していないのも、日本の文化の特徴だと感じます。

このような「楽観主義」の根源には、やはり日本の閉鎖性があると思います。外部からの圧力も少なく、人口が激増していたため、競争が少なかった。それが「何とかなる」という楽観的な考え方を生み、実際に何とかなってきたことが大きいと思います。

実際、戦後の復興で生産性を回復させたことに加え、先進国として例のない人口の激増があったことで、家が売れ、車が売れ、国内旅行が増え、市場が拡大していくという幸せな時代が続きました。それが、日本社会を覆う楽観的なムードを生み出したのです。

以下は多少極論の部分もありますが、日本国内ではほとんど論じられない「楽観主義」というものを考え直す刺激になるかと思いますので、それをふまえてお読みください。

バブル直後から見られた楽観主義

私がアナリストとして不良債権問題を指摘していた時代、日本の大手銀行は揃ってこのように反論していました。

「今はたまたま悪いときで、少し待てばよくなる。地価はピークに戻って、経済はまた回復する」とにかく、何もしないほうがいいというわけです。政府が株価維持政策を実施すれば、悲観論が弱まって景気が回復し、地価も上がって、不良債権は消えるという非現実的な楽観論も見られました。なぜ当時の銀行マンたちは、経済的に裏づけがないことを自信満々に語っていたのでしょうか。

当時、彼らをヒアリングした際のノートが残っていましたので、それを読み直してみました。そこには「日本は技術によって高度成長を果たしたので、その技術をもってまた高度成長を実現する」という興味深い言葉が残っていました。当時はまだ戦後の日本経済と人口増加に対する分析もできていなかったので、不可解なことを言う人たちだという印象で終わってしまいましたが、今になって冷静に分析してみますと、やはりこれも「高度成長の後遺症」でしょう。

その後、私が銀行は担保不動産を吐き出すべきだと主張すると、他のエコノミスト、評論家たちから、「担保不動産を吐き出しても使う用途がないから地価が崩壊する」「そもそも需要がない」と激しい批判にさらされました。しかし、長い論争の末、大手銀行は経済合理性に基づいて不良債権を償却し、債権を放棄して、担保不動産を吐き出します。あたかもその激論がなかったかのように、いきなりに徹底的に処分を始めたのです。

動き始めれば問題の解決はあっという間で、不良債権問題の処理は大成功をおさめました。

これも「高度成長の後遺症」の特徴のひとつだと思います。改革を嫌う勢力が最後の最後までしぶとく抵抗する一方で、ひとたび改革が始まると、あっという間に問題が解決できる。これは日本が高い潜在能力をもちながらも、それが発揮されていないという事実と重なります。

ちなみに、先日、前オリンピック・パラリンピック担当大臣の遠藤利明衆議院議員とお会いしたところ、私がかつて「担保不動産を吐き出せば、不動産の開発ブームが始まる」と予想していたことをよく憶えている、とおっしゃってくださいました。私は、再開発をすることによって付加価値を高めていけば、地価は上がるはずだと提言していました。

自画自賛するわけではありませんが、たしかに六本木ヒルズ、東京ミッドタウン、丸の内などの大規模都市再開発が続き、その勢いは今も衰えていません。では、あのとき「銀行の担保不動産を吐き出させると、地価が崩壊する」と私を猛批判していたエコノミストたちはどうされているのかというと、そんな過去などなかったような顔をして、今もご活躍されています。

責任をとれなどというつもりは毛頭ありませんが、あそこまで人の提言を全否定していた過去すらなかったことにしてしまうのは、いったいどうなんだろうと考えるときがあります。

今となって見れば、あの時代はやはり、変化のタイミングだったのだと思います。それまでは人口が大きく増えていたため、何も変えなくても何とかなっていました。しかし、時代は変わりました。公的資金を入れて不良債権を抜本処理する必要があった最大の理由は、あのバブル崩壊の衝撃を吸収するほどの経済成長は、人口増加が止まった以上、期待できなかったからにほかなりません。「動かない」ことが美徳だった時代と動かざるを得ない時代を分けたのは、人口動向の違いにほかなりませんでした。

「責任をあいまいにする」文化も人口激増時代の副産物

もうひとつ注目すべきは、この「高度成長の後遺症」が「責任問題」にも影響を及ぼしているということでしょう。

人口増加の恩恵はありとあらゆるところに波及しますので、人口が右肩上がりに増えていた時代の日本は、基本的に何もしなくても問題が解消されていきました。こういう追い風がある社会では、何か過ちを犯したとしても責任を認める必要がありません。

人口が増えていれば、業績が一時的に悪化しても、時間が解決してくれました。機会損失はあっても、人口ボーナスのある社会では基本的に大きな経済的損失は生じません。日本的組織の中で、明らかにおかしなことを言っていた人、おかしな判断を下した個々の人たちの責任をあいまいにしておけたのは、これが大きな理由だと考えます。

構造的な問題はあったにせよ、これまでの人口激増社会ならば、これで特に問題なく機能していたはずです。問題を指摘されるまで動く必要はありませんでしたし、そもそもこういった環境では、構造問題はそう簡単に表面化しません。これもある意味で、人口激増時代の副産物と言えましょう。

どんな政策でも、どんな戦略でも、人口増加という追い風によって成功する確率が非常に高くなっていましたので、もしかしたら現実としては失敗していたものまで、あたかも成功していたかのように見えていたケースもあるかもしれません。

「新発売キャンペーン」も人口激増時代の副産物

人口増加の影響をモロに受けていると思われるのが、かつてよく見られた新発売、イベント、キャンペーンという日本独特の商売方法です。

日本では、とにかく大きなキャンペーンやイベントを行えば、ものが売れたり人が集まったりすると考える傾向が強かったと感じます。つまり、証券業界で言うところの「打ち上げ花火政策」に頼りがちなきらいがあるのです。

その象徴がかつて多かった「新発売」をうたったマーケティングでしょう。商品の魅力や性能をうたうのではなく、とにかく新しいことだけをセールスポイントにする販売方法は、日本独特だと感じます。この根底には、目を引くキャンペーンやイベントを行えば、それなりの実績をたき出せたという成功体験があることは間違いありません。つまり、日本のイベント・キャンペーン好きも、「人口激増の後遺症」のひとつと考えることができるのです。

この構造は、観光産業を例にするとわかりやすいでしょう。観光業界ではもうずいぶん前から、ＮＨＫ大河ドラマの舞台になれば観光客がたくさん訪れると言われ、その効果は右肩上がりです。

では、これは大河ドラマの力が高まったからかと言えば、そうではなく、単に大河ドラマのメインの視聴者である高齢者の絶対数が増えているからです。

このような分析がなされず、「大河ドラマの舞台になれば観光客が来る」という図式がまかりとおることは、商品に魅力があるかどうかは関係なく、とにかくキャンペーンさえすればものが売れるという考えにつながります。「ゆるキャラ」も、その一例でしょう。

これは、観光戦略に関わって一番問題だと感じるところです。観光情報の「発信」にだけ熱心で、観光地の「魅力を磨く」ことが軽視されることが多いのです。来る人が満足するかしないかは考えず、とりあえず来てもらえればいいという発想です。観光資源の魅力は、磨き上げてつくり出すものだという考え方が希薄だったのです。

日本の地方の観光産業に、観光資源の魅力を磨くという考え方があまりにも少ないのは、「大河ドラマ観光」に象徴される人口増加を前提としたキャンペーン至上主義を見れば明らかです。

もちろん、キャンペーンやイベントを仕掛ける方たちが、さまざまな工夫を施していることを否定するつもりはありません。しかし、その一方で、商品やサービスの魅力そのものを訴求するのではなく、タレントなどの有名人を起用したイベントやキャンペーンが選択されがちなのも事実です。中には決して費用対効果がよいと言えないものも多く存在しているのに、です。

つまり、これまではどんな政策も販売戦略も、人口増加という追い風のおかげで成功してきたという側面は否めないということです。極端な話、政策や戦略としては大失敗だったにもかかわらず、人口増加という「下駄」を履いたおかげで、表面的には「成功」に見えてしまったものも多々あったのではないでしょうか。

人口が減っている今、同じやり方をしても失敗します。失敗すれば、損が出ます。倒産することもあるのです。

「計画性のなさ」も人口激増時代の副産物

私が仕事をしている文化財の世界もしかりです。金融業界からこちらに来て驚いたのは、楽観主義を通り越した「計画性のなさ」です。

文化財の保存と聞けば、まずは長期修繕計画があって、それをもとにして何年、何十年も先までタイムスケジュールが組まれ、修理するタイミングや箇所、それに見合った職人、材料、道具を文化庁が把握して、計画を立て、見積もりを出し、予算要求をしていると思うかもしれません。しかし、日本の文化財保護はそうなっていません。

信じられないかもしれませんが、そのような長期的な修繕計画は存在せず、場当たり的に予算が組まれ、その配分もその都度行われています。分譲マンションの長期修繕計画のほうが、よほどしっかりしている印象です。

このような計画性のなさで、よくぞここまで文化財の保存・修理ができたものだと逆に感心しますし、この悪条件の中で文化財を最大限守っていこうという日本人の対応力には感動すら覚えます。

しかし、これはどう考えても効率的な方法とは言えません。これもやはり人口増加に基づいた経済成長が関係していると私は考えます。

人口が右肩上がりで、物事が激変していった高度経済成長期の日本では、長期的な視点に基づく計画が立てられませんでした。経済成長に行政や法律がついていくのが精一杯であり、結果、その場その場でうまく問題を乗り越えていくというツギハギ的な対応しかできなかったのです。その「後遺症」が残ってしまっています。

その象徴が、日本の街並みです。31年前に初めて日本に訪れたときに驚いたのは、都市にまったく計画性が感じられないことでした。歴史ある建物が潰され、ビルが建てられる。新しい建物には周りとの調和が考慮されず、街並みはゴチャゴチャとしています。古い街並みを残すという意図は感じられず、マンションやプレハブアパートが乱造されています。

「復興庁」のあり方にも、同じ驚きを覚えます。これほど自然災害が多い日本において、なぜ「復興庁」は東北限定で、しかも時限設置なのでしょうか。「復興庁」は、２０２１年に廃止されることとなっています。

「検証しない文化」も人口激増時代の副産物

また、これは「責任問題」にもやや重なるところがありますが、文化財の世界に入ってもうひとつ驚いたのが、文化財の修理において、その後の確認・検証があまり行われないことです。要は、「やったらやりっぱなし」なのです。粗探しをしろと言っているわけではありません。検証して見つかった課題を次の修理に活かそうという発想がないのです。

これは、公共投資でできあがった立派な箱物や地方空港が、当初の皮算用と比較してあまりに活用されないことが多いのと同じ問題です。この手の話は、マスコミからの批判を受けて、初めて検証作業が行われます。そこで浮かび上がるのは、「工夫のなさ」です。箱物も地方空港も、ニーズがあるのであれば、つくること自体は悪くありません。しかし、利用客が増えるような工夫をしていないのです。なぜ工夫しないのかというと、これまでは「流れ」に任せていればうまくいっていたからでしょう。やはりこれも「高度成長の後遺症」です。

箱物でも何でも、何かつくれば黙っていても利用されるという時代がたしかにありました。それを支えた追い風が、日本全体の人口激増です。それが止まったことで「工夫のなさ」だけが悪目立ちしているのが、今の状況なのです。

「マニュアル化」も人口激増時代の副産物

ここまで論考を進めてみると、逆に人口が異常なほど増加していた日本に求められていたことが浮かび上がります。それを一言で言ってしまうと、とにかく前向きに新しい事業を起こして、何よりもその仕事のプロセスを最後までしっかりと完遂することです。スタッフは決まったこと、与えられた仕事をスムーズに、丁寧に、完璧にこなすことが重要でした。今の仕事のやり方を検証したり、改革したりする暇もありませんでしたし、そうするメリットもなかったのです。

日本人は、与えられた仕事は完璧にこなすが、マニュアル主義で臨機応変さがないとよく言われます。これもよく考えてみると、経済が急成長している時代に求められたスキルではないでしょうか。あの時代の副産物なのです。

もちろん、これにはもともと日本社会にしっかりとした秩序があることも関係していますが、人が多くて、お金も潤沢にある社会では、とにかく失敗せずに前任者と同じことをやっていれば、順調に物事が進んでいきます。型破りな発想や個人の裁量などは、逆にマイナスになるのです。

「融通が利かない」のも人口激増時代の副産物

ルールが好きで、国民がそれを守る日本社会の文化は素晴らしいと思いますが、それが通用しなくなっている部分も多々あります。たとえば、くだらない例かもしれませんが、日本の旅館がこれにあたります。

旅館では、何時から朝食、布団は何時にあげて、チェックアウトはいつまで、料理のコース、食べる時間帯、すべてが決まっています。では、これが日本の伝統的な宿泊施設のスタイルなのかというと、疑わしいのです。これも「高度成長の後遺症」である可能性が高いと思っています。人口が増えている時代の観光業は、とにかく数をさばけば成立しました。多くの客をさばくには、客に自分たちのルールを押し付けるのが一番です。カスタマイズした対応は時間も手間もかかります。

そのルールが気に食わないという客がいても、客の絶対数が激増していたので、宿側は強気に出られます。つまり、人口激増社会は、サービスの供給者側が強い立場となる社会でもあるのです。『新・観光立国論』などで私が観光の重要性を主張すると、かならずと言っていいほど「日本のやり方に従わない外国人がたくさん来ても迷惑なだけ」「郷に入れば郷に従え」という反論がありますが、これも供給者側が強い社会の特徴と言えるかもしれません。

たしかに、今までのように人口が増えているのであれば、「外国人がたくさんきても迷惑」という反論は成り立ったでしょう。しかし、日本国内の観光客数が減少し、先ほどのような伝統的な旅館の経営も立ち行かなくなってきています。ホテルの稼働率が高いのに、日本人も旅館を使わなくなってきたという事実もあります。海外からの観光客も、その行動を見ると旅館にはあまり魅力を感じていないようです。設備投資不足の問題などもありますが、やはり戦後の人口激増時代に生まれた日本式ルールを許容してくれる客が減っているのではないでしょうか。

日本が「ルールを重視する社会」だという特徴は、一般の日本企業にも顕著にあらわれています。これまでの日本企業の経営は、足し算がメインでした。つまり、前任者の経営方針を踏襲し、順調に規模を拡大させていくことが、経営者の仕事だったということです。そういう意味では、比較的経営しやすい時代だったと言えます。

しかし、現在の経営者には、既存の資本、資産、人材などの配分を考えながら、リストラなどの大胆で難しい経営判断が求められます。つまり、人口激増時代が終わったことで、企業経営においても、これまでのやり方が通用しなくなってきているのです。

「縦割り行政」も人口激増時代の副産物

日本特有の現象と言われる「縦割り行政」も、基本的には同じ問題です。

よく、日本が改革できないのは役所が縦割りだからという意見を耳にしますが、これはやや疑問だと思っています。縦割り行政は多くの国で確認されており、日本特有の問題ではありません。英語でも「窓がなく周囲が見えない」という意味の「silo」が縦割り行政をあらわします。

では、近代社会の普遍的な問題が、なぜ日本ではここまで諸悪の根源のように語られているのでしょうか。ひとつには、政治機能の問題があると思っています。

行政機能を会社にたとえると、官僚は社員、政治家は役員、総理は社長です。縦割り行政とは、要するに部署と部署がうまく連携していない状況ですから、これを解消できるのは社長や役員しかいません。つまり、日本で縦割り行政がここまで問題視されているのは、総理や政治家の調整機能が不十分だということを意味します。

先進国のほとんどはそうですが、基本的に経済が順調に伸びているときは、経済政策も官僚任せで、政治家が細かいところまで介入しません。しかし、経済が低迷すると経済政策に積極的に介入してきます。経済が低迷している日本でいまだに「縦割り行政」の批判があるということは、実はまだ政治家の介入が十分ではないという見方もできるのです。

ここで言いたいのは、このような日本の制度がダメだということではなく、日本の経済制度、経営システム、行政、政治、そして社会までもが、多かれ少なかれ、人口が増えるという大前提のもとに成り立ってきたということを申し上げたいのです。

根本的な前提が変わっている

日本型資本主義と言われる制度の大前提が変わっているので、制度を変える必要が生じている。にもかかわらず、今までが非常に順調だったので、その必要性がなかなかわからない。だから、制度を変えるのが難しいのです。

繰り返しになりますが、「日本人が日本の素晴らしさを再認識すれば、かつてのように繁栄する」とか「日本人が自信を取り戻せば経済も成長する」というような、表面的な精神論で乗り切れるような問題ではないということだけは強調しておきます。

よくマスコミが指摘するのは、今の日本の制度は根本的におかしいということです。しかし、私としては賛同できません。今の制度は人口激増時代にふさわしい制度で、あの時代にはそれで問題ありませんでした。その制度が今の時代に合わなくなったというだけの話なのです。

制度を変えなくてはいけない。しかし、それがかなりの困難をともなうのは、これまでお話ししてきたとおりです。「世界第2位の経済大国」という素晴らしい成功があり、しかもその成功を「人口」と結びつけていない以上、変えることに抵抗があるのは当然です。ここで一番の問題点は、現在の制度を「日本の普遍的な価値観」と位置づけ、制度を変えるべきだという指摘に対して「日本は海外とは違う」と反論しようとする機運があることでしょう。

年功序列を考える

簡単な例で見てみましょう。

私が日本にやってくる前から、日本の「年功序列」の是非についての議論は盛んでした。この制度を時代に合わせて調整すべきという意見に対する反論は、昔から一貫しています。それは、「年功序列」は日本独自の文化であり、高度成長を支えてきた制度だということです。また、年上を尊敬するアジアの儒教思想もベースにあり、日本人のDNAに基づいているので、西洋人には理解できないということも、マスコミなどがよく説明しています。

歴史的事実に基づいて指摘したいことは山ほどありますが、ここではそれをいったん脇に置いて、もっとも大事なことだけを指摘させていただきます。

小西美術工藝社の経営再建を任された際、50人以上いる職人たちに対して、年功序列を廃止するのではなく「調整」する必要がある、と宣言したところ、やはり「年功序列は職人の世界の文化だ」とよく反発されました。

そこで年功序列制度というものがそもそも何なのかを調べて、考えてみました。年功序列が

図表7-1　日本人男性の平均寿命

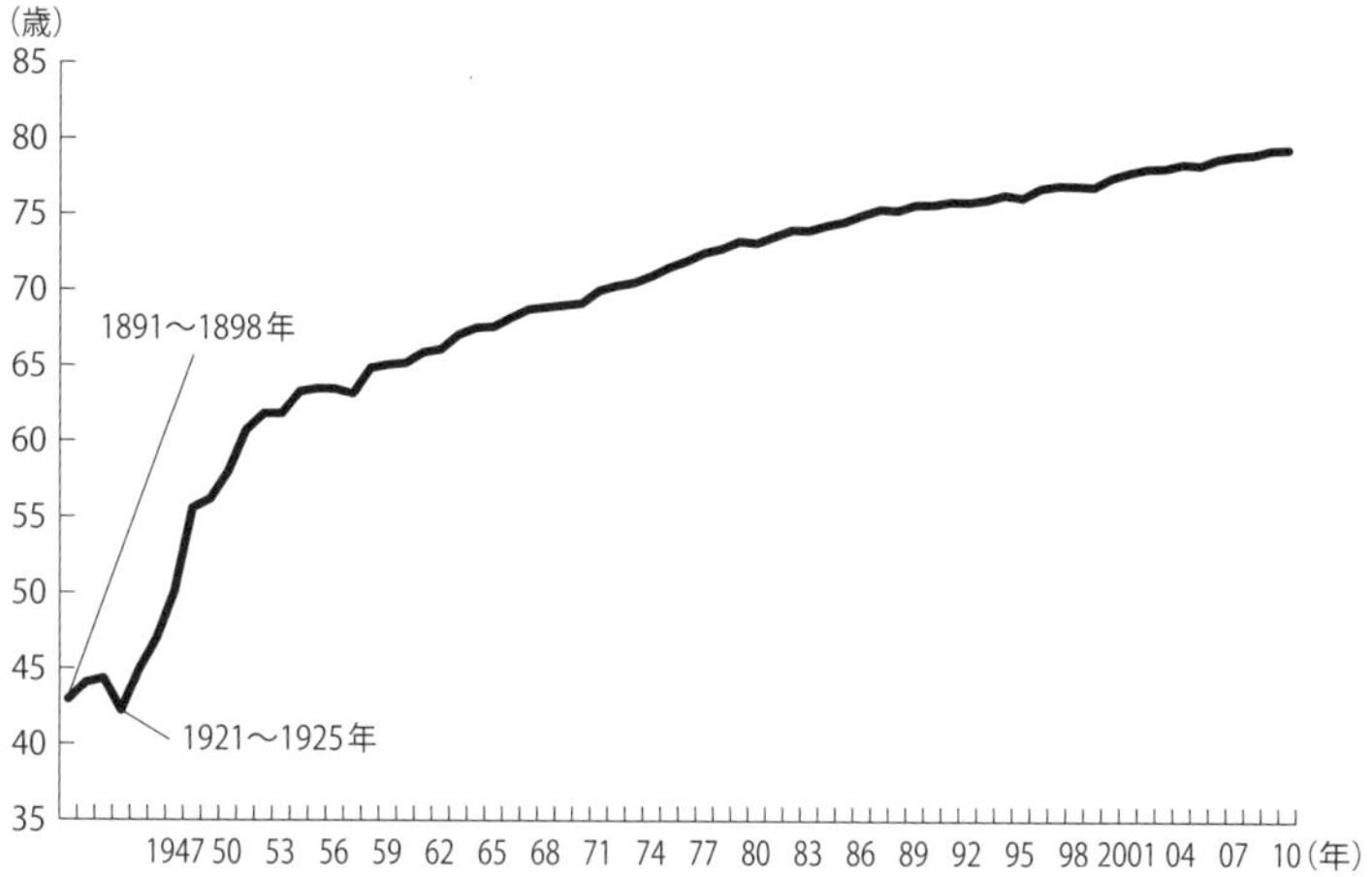

(出所) 厚生労働省データより筆者作成

文化となったのは、日本人の平均寿命が今と比べて非常に短く、職人としての技術や情熱がピークになった矢先に他界されることが多かった時代です。ですので、年功序列で給料を上げるというのは理にかなっていました。

しかし、今は日本人男性の平均寿命はぐんと伸びて(図表7-1)、70歳でも80歳でも職人として仕事を続けることができます。そのようなベテランを否定するわけではありませんが、やはり体力や気力は衰えて、老眼になってきます。それくらいの年齢になれば、職人としての円熟味が増すというイメージがあるかもしれませんが、やはり50代をピークに職人としての生産性は下がります。50代以下に比べて効率が下がっているにもかかわらず、年齢が高いというだけで50代以下よりも高い給料をもらうのは、やはり理にかなっていません。事実として、現在の日本の一般企業の給料体系を見ても、50代半ばをピークに、以降は緩やかに下がっていくように変わっています。「年功序列」は日本人の変わらぬ価値観ではないのです。

「寿命」という大前提が大きく変わったにもかかわらず、「年功序列」という過去の制度に執着するように、日本社会では、改善点を指摘すると、現行の制度を「昔から続けられている」という理由のみで正当化する傾向が非常に強いと感じます。

日本型資本主義も、経済の根本的な基礎条件が変わっていますから、それをそのまま存続させようとするのは、非常にナンセンスです。

最優先される「現状維持」

生産性向上のために改革を進めようとすると、無条件に今の制度を守ろうとする強い反対が起きます。客観的に見て明らかに改善すべき制度でも、驚くような屁理屈を立てて存続を目論む人たちがあちらこちらにいます。

先日も、ある文化財で、修理予算が足りないから相談に乗ってほしいと頼まれました。私は修理費捻出のため、1500円、1000円、500円という松竹梅の拝観コースをつくったらどうでしょうと提案しました。500円コースは施設内の庭や建物の外観だけ、1000円コースは建物内部も拝観できて、1500円コースは歴史的背景などをより深く知りたい観光客のためのガイドつき。さらに、敷地内で飲食ができる施設もつくって、滞在時間を長くして、飲食の売り上げから収入を得ることも提案しました。このように客側のニーズに応じて拝観料を変える手法は、海外の文化財ではよく導入されていますので、それをすすめたのです。

しかし、相談主は難色を示しました。曰く、日本人は外国人と違って平等意識が強いので、拝観料は一律でなくてはいけない。また、文化財は飲食禁止が基本なので、文化庁が認めないというのです。

私は、「文化庁が認めない」という点について、根拠を示してほしいと申し上げました。相談主が以前、文化庁に問い合わせたのかと思ったのですが、そうではないとのことでした。ならばと、私が直接文化庁に確認したところ、他の文化財で認めた前例がありました。

平等意識に関しても、日本人は1億3000万人もいるのに、なぜみんなが一律であることを重んじているとがわかるのかを尋ねました。アンケート調査か何かの根拠が出てくるかと思いましたが、それもありませんでした。新幹線もグリーン席、指定席、自由席と松竹梅に分かれているので、平等意識云々は考えすぎではないですかと質問したのですが、根拠を示すことなく、とにかく制度を変えることはできないことを延々と説明されました。

このような話をすると、「日本には、前例がないことをやりたくないという文化がある」とおっしゃる人もいますが、前例をしっかりと検証してすらいないことが多々あります。「制度を変えたくない」という意識がまずあって、それを正当化するために、さまざまな屁理屈を立てているようにしか見えないのです。

老舗が多いことは無条件によいことか

「根拠なき正当化」ということで、ここでもうひとつ刺激的なお話をしましょう。

データで見ると、日本はいわゆる「老舗」の比率が一番多い国です。歴史のある企業が非常に多いのは、私も非常に素晴らしいことだと思っていましたが、最近それに疑問を抱くようになりました。

韓国銀行の調査によると、200年以上継続している企業は世界41カ国で5586社。そのうち、日本は3146社でした。他にもさまざまなデータはありますが、いずれにしても日本は一番多いです。

なぜ日本は老舗が多いのでしょうか。まず考えられるのは、日本は、先進国の中で封建制度が終焉したのが一番最近だったことです。実際、明治維新前からあった組織が、近代化の中で企業として生まれ変わり、事業を続けたというケースが多いのです。

また、老舗の多さ第2位のドイツと同様に、「ものづくり」の老舗が多いこともあるでしょう。「ものづくり」はサービス業よりも古い産業形態なので、長く続けば当然このような結果になります。

ただ、私はもうひとつ大きな理由があったのではないかと踏んでいます。それは、これまでお話をしてきた「現行制度を根拠なく正当化する」文化です。

変化を嫌い、改善点を指摘されても従来のやり方を正当化してしまえば、企業はとりあえず長続きします。まして日本は人口増加という追い風もありましたので、先ほども申し上げたように、これまでやってきたことを続けるだけで事業は拡大していくのです。

つまり、日本に老舗が多いのは、「変化や改革を嫌う文化」の副産物である、という仮説も成り立つのです。さらに、日本では企業の吸収・合併が少ないこと、起業が少ないことも、同様に「現行制度を無条件に正当化する」文化の反動である可能性があります。

日本では、老舗企業が多いのはとにかくよいことだとされています。長く続くことは、無条件に素晴らしいことだと言われます。

ニューヨーク連銀の分析でもありますように、普通はイノベーションによって、仕事のやり方、人材の配分、組織などを変える必要が生じますので、老舗は絶対数、もしくは比率が低下するはずです。老舗が多いのは、イノベーションが不十分である証拠にもなりうると考えられるのです。

さらに言うと、いわゆる老舗は「家業」の形態をとっていることがままあります。家業の場合は家族が満足すればそれでいいという発想なので、一般的には挑戦的でないと考えられます。これもまた、ある意味で「変化や改革を嫌う文化」にもつながるのではないでしょうか。

「中小企業かわいそう」現象

小西美術工藝社は老舗企業の中の1社ですが、その経営者としていつも違和感を覚えることがあります。文化財業界のように古い業界は、本来は時代が大きく変わり、需要も減っているので、企業同士で合併などをして再編しなくてはいけません。しかし、文化財業界を見ると、そのような動きはなく、どんなに非効率で採算の悪い老舗企業も、独立独歩で継続しようとします。また、それを行政もどうにか支援します。皮肉なことに、会社の数は増加傾向にあります。それによって、業界全体はさらに非効率になってしまっています。

かわいそうだから、気の毒だからという人助けの精神は理解できますが、場合によっては、その個人を助けることが公益を損ねることになりかねません。

日本では、中小企業の数が多いこと、数が増えていることを好意的にとらえますが、実はそれは違います。企業が多いと、オーバーヘッドという固定費が増えるだけで、そのしわ寄せは社員という労働者に向かいます。

よりシンプルに言えば、企業数が多いことは、社長たちが喜ぶだけで、社員にとってあまりメリットはないのです。企業が合併すると、人員整理が行われるので社員にはよくないと勘違いされている方がいますが、実際は逆です。2社が合併すると、社長などの役員と中間管理職の席は大きく減りますが、平社員は仕事が安定するので、そこまでは減りません。

私としても、もともと日本の文化財が間近で見られると口説かれて経営者になったということもあり、役員より文化財保存を行う現場の社員を大切にしたいと考えています。本音としては、文化財業界全体で再編してほしいと考えているくらいです。小さな企業が林立するのではなく、会社自体の数を減らし、いくつかのより大きな企業に集約すれば、規模の経済の効果で、職人の雇用の安定にもつながるからです。

しかし、業界としてはその真逆に進んでいます。仕事量を増やさずに、小さな企業を増やして、それをどうにか生き残らせようと、行政もサポートしています。それぞれの経営者は喜ぶでしょうが、果たしてこれが日本の文化財を守っていく職人たちのためになっているのかということを、真剣に議論する必要があります。企業数の増加をよしとする文化も、人口増加による経済成長が当たり前だった時代の副産物だと思います。

「共存共栄」は難しい時代になった

日本は、新しいことをする際、すでにあるものとの「共存共栄」を重んじる国です。いま話題の「民泊」もそうですが、新しいことをしようとする際、特区をつくってその中でのみ新しいことを進めるという形をとったりして、既存の業者にも配慮しています。

「足し算」が好きで「引き算」が苦手ということですが、よく考えると多かれ少なかれ、この「足し算」を可能にしていたのもまた、人口増加による市場拡大だったのではないでしょうか。

これからの人口減少時代には市場が拡大していきませんので、新しくて生産性の高いものを取り入れるためには、非効率なものが自然消滅していくような政策をとらざるを得なくなるはずです。非効率な業者は、生産性向上のための犠牲にしなくてはなりません。

海外と比べて、日本が「共存共栄」を重んじてこられたのもまた、文化の産物というよりは、人口激増が根底にあったのかもしれません。

何を恐れているのか

さて、このようなことを考えていくと、日本人が改革を嫌うのは、それによって何かを失うことを恐れているからではないかという仮説が浮かびます。

少し前、ある人から、日本人は1回成功すれば、そこで「和」をもって仲良くしていきたいので、改革が止まる傾向があると言われました。現行制度のもとで問題が解決されないまま衰退が始まっても、なかなか変えられないというのです。たしかに、日本の歴史を振り返れば、江戸時代がそれにあたると思います。関ヶ原の合戦の後、士農工商制度を生み出して社会を固定した結果、幕府が弱っても、これを変えようとしませんでした。

伊藤忠商事の元役員の方に、日本は少しずつ改善する「調整」が苦手で、180度の方向転換しかできない、と言われたこともあります。不良債権の処理はたしかに180度の方向転換でしたので、なるほどと納得したのを憶えています。ここまで経済が成長しておらず、さまざまな問題が起きているのですから、そろそろ「180度の方向転換」のタイミングではないでしょうか。

一部の人は、生産性を上げるべきという私の指摘に対して、「日本経済はROEでは測れない」「日本は利益より公益」「日本型資本主義は西洋人には理解できない」などと反論されます。ただ、これはほとんどの場合、根拠のない、非建設的で現状維持主義的な考え方と言わざるをえません。はっきり言うと、人口激増が可能にした「屁理屈」にしか聞こえないのです。

何にでも反対して、何でも守ろうとするから、生産性が上がりません。それによって国家が崩壊の危機に瀕しています。しかし、多くの人には責任感と危機感が足りません。これこそ、「日本病」を引き起こしている「人口激増時代の後遺症」の正体なのです。

そこで次の第8章では、建設的な論考をしていくため、なぜ経済を成長させなければならないのかを考えます。

第8章

日本型資本主義の大転換期

第8章では、なぜ経済を成長させなければならないかを考察した後、巷にあふれる「経済成長に異を唱える理屈」が妥当なのかを検証していきます。

この章の後半も、前章と同じくかなり刺激的な内容になっていますが、次の第9章で前向きな提言をさせていただくためには必要不可欠な要素ですので、どうぞご理解の上お付き合いください。

政府と経営者の動機が乖離している

まず、第8章のタイトルにもなっている「日本型資本主義の大転換期」とはどういうことか、説明しましょう。

これまでのやり方を続けていてはダメで、調整が必要だと強く感じているのは、実は上場企業の経営者ではなく、日本政府だと思います。経営者は自分の会社しか見ていませんし、自分の会社に対する責任しかありません。一方の政府は日本経済全体を見渡していますし、社会全体に対する責任があります。これまでは人口激増によって経済が成長してきたため、この政府と経営者との責任感の違いを意識することもありませんでしたし、意識の違いによって引き起こされる問題は表面化しなかったので、その必要性もありませんでした。

しかし今は明らかに、政府が目指す方向と経営者が目指す方向にズレが生じています。政府としては、そのズレを調整する必要があります。第8章ではそのズレを検証し、続く第9章でその調整の方法を考えたいと思います。

人口減少問題

生産性を上げないといけない最大の理由が、人口減少問題です。一企業の経営者にとって、人口減少問題は直接的には関係ないかもしれませんが、国全体のGDPを考えるとこれは大問題です。

何度も書いてきたとおり、「GDP＝人口×生産性」である以上、人口が減れば生産性を上げないとGDPは減ってしまいます。それを防ぐためには、GDPを上げたいと考えている国と、とくにその必要を感じていない経営者との間の意識のズレを調整する必要があります。

貧困問題

政府と経営者の意識のズレがもっとも顕著にあらわれているポイントが、貧困問題です。

図表8-1　ワーキングプア比率の国際比較

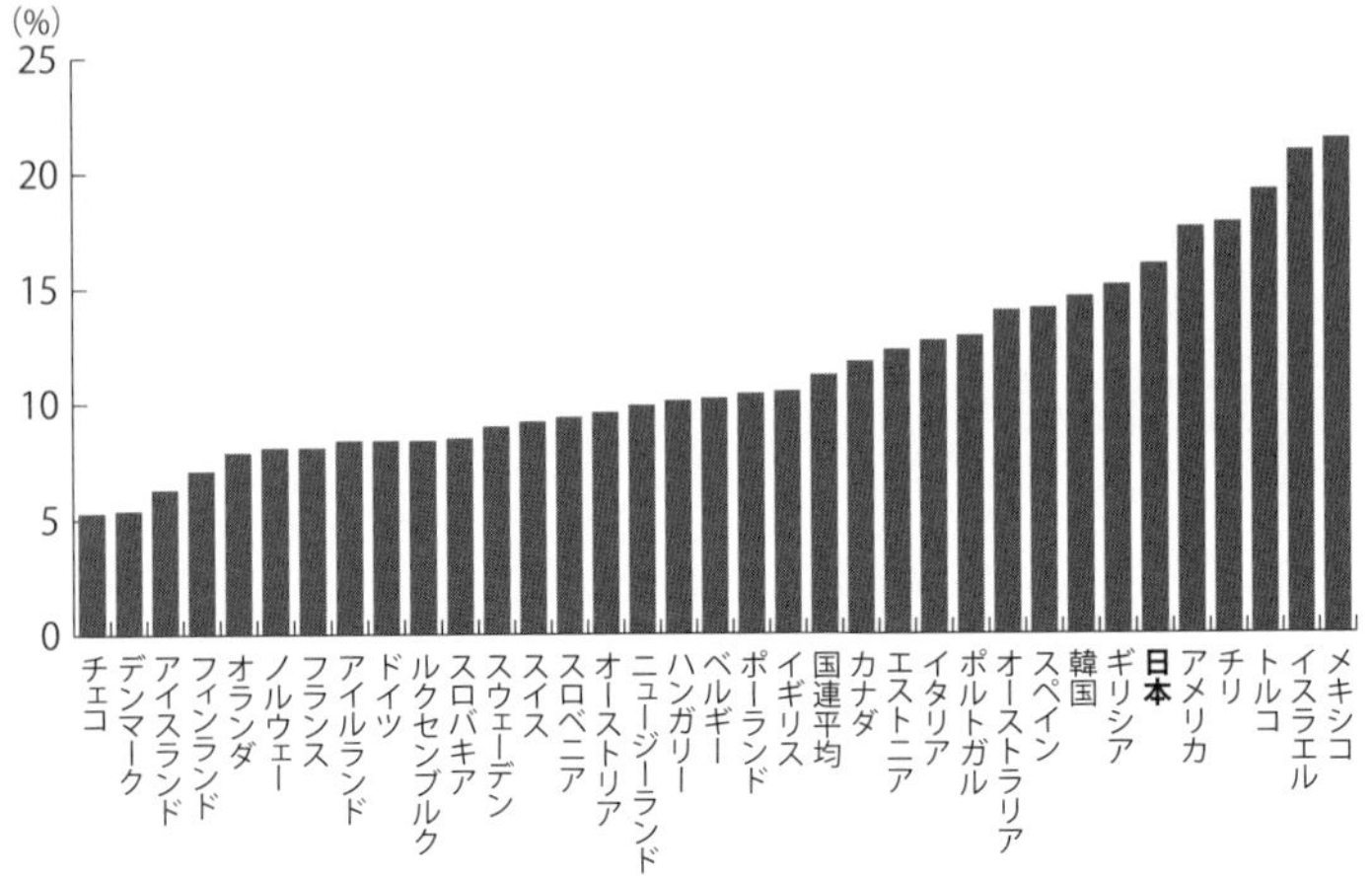

（注）データは2012年が中心だが、国によって異なる
（出所）国連データより筆者作成

「ワーキングプア」という言葉があります。就業はしているものの、貧しいということです。経済学的には、国民1人ひとりの所得を順番に並べたとき、真ん中の人の所得の半分以下の状態にある人のことを指します。この「ワーキングプア」の比率を見ると、日本はOECDの中できわめて高く、他の先進国より、はるかに高い比率となっています（図表8－1）。

国連が発表している、主に2012年を中心とした直近のデータによると、日本のワーキングプア比率は国連平均の11・2％を大きく上回る16・0％でした。平均を大きく上回っている大手先進国はスペイン、イタリア、そしてアメリカだけです。この比率の高さは、今の日本型資本主義が時代に合わなくなっており、転換期を迎えていることの明確な証拠だと思います。特にアメリカ以外の一流先進国と比較して、ここまでギャップが開いているのは、労働者の質、技術、勤勉さなどの潜在能力からするとありえない結果です。

欧州はともかく、アメリカに近いならいいではないかという反論があるかもしれませんが、私はそれには同意できません。アメリカはきわめて「特殊」な国だからです。

アメリカの場合、ワーキングプア比率が高いのには2つの要因があります。まず、GDPに占めるサービス業の比率が高いのに、その悪影響に対する緩和策を欧州ほど実行していないことです。これは先進国に共通した話ですが、一般的にサービス業に雇用されている方は、所得が高い人と低い人に二極化する傾向があります。農業や製造業と比べて、中間層が少ないのです。これは、サービス業がもっとも、個人個人の能力によって成果が左右されるからです。

アメリカは自由資本主義がもっとも徹底している国です。二極化現象を緩和する社会保障が整備されていないため、ワーキングプア比率が高いのです。欧州のワーキングプア比率が相対的に低いのは、この格差を緩和するための社会保障が充実しているからです。

図表8-2は、CIAがまとめている「ジニ係数」です。ジニ係数は0に近いほど所得が平等で、1に近づくほど格差が拡大していることを示しています。税金や社会保障などによる「調整」の前後の数字を見ればわかるとおり、欧州の場合は「調整」によって格差が緩和されてい

図表8-2　各国のジニ係数

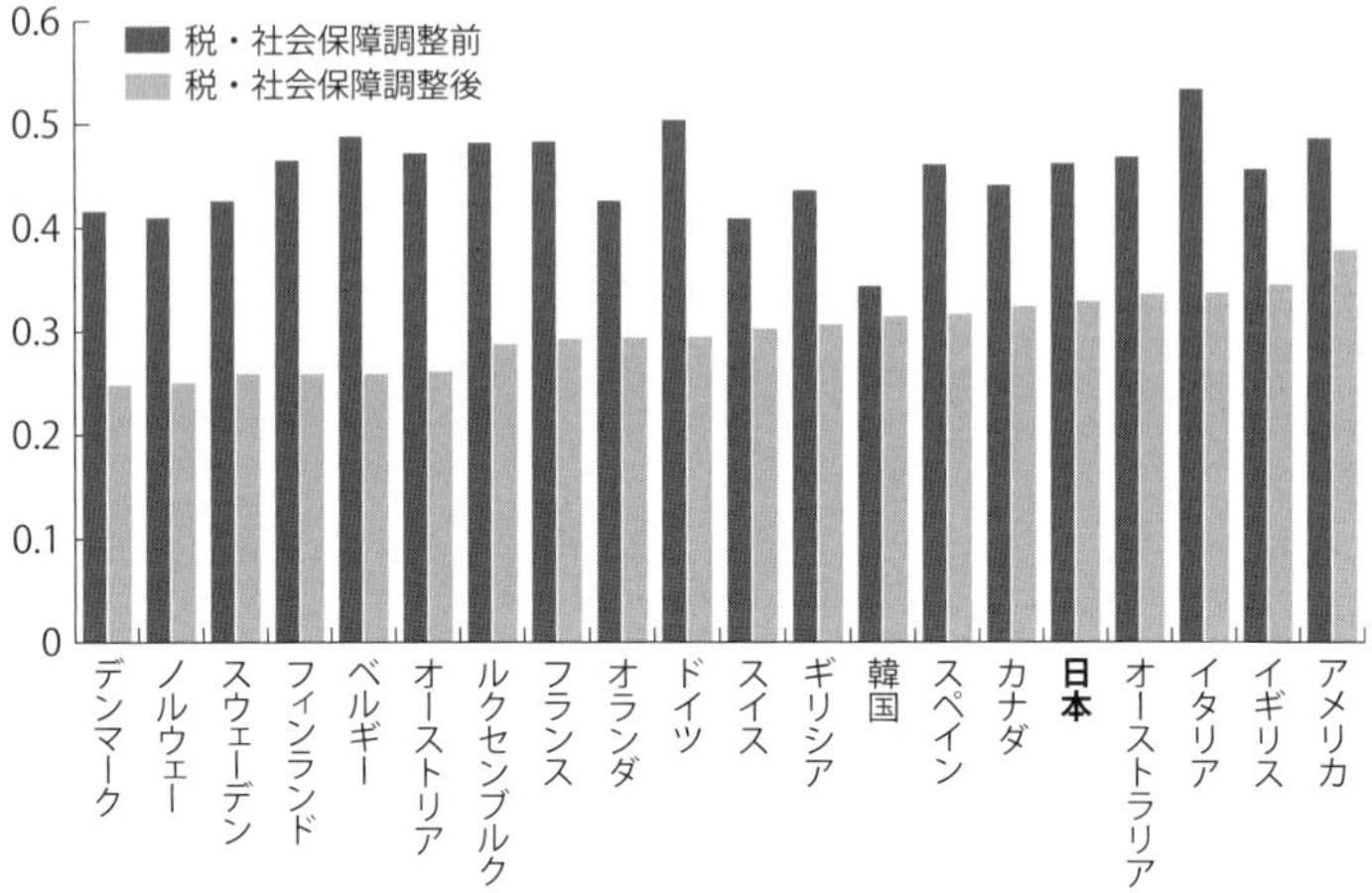

（注）データは直近
（出所）CIAデータより筆者作成

るのです。

もうひとつの要因は、教育から発生する問題です。アメリカでは、人種によって教育アクセスに大きな違いがあります。アジア系アメリカ人の給料が白人より高いことをご紹介しましたが、その理由のひとつは、そもそもアジア系の大学進学率が白人よりも高いからです。アメリカのワーキングプア比率が高いのは、国民に占める低スキル労働者の割合が高いからでもあるのです。

さて、それをふまえて日本はどうでしょう。スペインやイタリアほど失業者はいません。社会保障は、欧州ほど手厚くはないにしても、アメリカよりはかなり整備されています。高スキル労働者の割合が世界一高いことは、すでにご紹介したとおりです。にもかかわらず、これほどワーキングプア比率が高いのは、残念ながら「日本型資本主義」が通用しなくなってきており、それを調整しなければいけないことの証左ではないでしょうか。

働いても賃金が低いという問題に対して、生産性を上げるという対策が有効なのは、言うまでもありません。生産性向上を追求してそれを実現したのに、労働者の賃金を上げないという事態は考えられません。生産性向上を追求することは、賃金を上げる経済を目指すことを意味するのです。

ただ、よくよく考えれば、貧困問題は国にとっては大問題ですが、企業の経営者からすると、ほとんど関係のない話です。経営者自身が貧困になることはほぼありません。自分たちの経営方針によって社会全体の貧困問題が深刻化しているからといって、政府が動き出さないかぎり、まったくの他人事としか考えられないでしょう。

需要不足問題

高い潜在能力を秘めているのに貧困率が高いことは、国を含めた経営方針に問題があることを意味します。簡単に言えば給料が足りないのです。それも生産性を追求していないからです。今の日本経済を見ると、給料が低いため、明らかに「需要」が足りていません。民需だけではありません。政府はずっと緊縮策を実施してきたので、日本のインフラ投資はどんどん絞られています。これは、地方を回れば身をもって実感できます。これを専門的に扱った本はかなりありますので、ここでは言及しませんが、政府は福祉のために他の必要な投資までも削っています。本来政府がすべき投資が、十分になされていないのです。

経営者は1990年以降、生産性を十分に上げてこなかったため、労働者の給料も上がっていません。そのため、本来ならば期待できたはずの追加需要が発生していません。税収にもマイナスなので、国も公共投資ができません。人口が減少している中、それを補うための生産性向上は本当に急務です。

この深刻な事態には、これから人口が減少するにつれて、さらに拍車がかかります。日本人の数が減り、需要が不足がちになるからこそ、外国人観光客を誘致することには大きな意味がありますが、これですべてが解決するわけではありません。日本経済の規模に見合う「需要」は、それだけでは十分ではないのです。ですから、なおさら生産性向上が必要です。

生産性が向上すれば、普通は労働者の給料も向上します。給料が上がれば、国民の数が減っても需要は増加するかもしれません。少なくとも、人口減少を補填することは可能でしょう。

これまで説明してきたように、政府には生産性を追求するインセンティブがあるのは明らかです。問題なのは、企業経営者にそのインセンティブがあるかどうかです。これまでは明らかに、そのインセンティブは働いていませんでした。

生産性向上と年金問題

経済成長には、政府と国民にとって、他にも大きなメリットもあります。それは年金です。皆さんの年金を運用している年金基金は国債などを大量に保有していますので、金利が上がれば運用益が増えます。長期金利は言うまでもなく経済成長率を反映します。つまり、経済が成長すれば、長期金利が上がり、年金基金が恩恵を受けるのです。

また、経済が成長するということは、企業が利益を増やしたり、新しい事業に挑戦したり、今は使っていない資本金を活用するということです。これには、株価を上げる効果があります。年金基金は多くの株式を保有していますので、その恩恵も期待できます。つまり、経済を成長させることは、まわりまわって年金という国民全体の「公益」につながるのです。

今の日本型資本主義は、その逆に回っています。企業は投資をしません。給料も上げません。

経済は成長しませんので、金利は上がりません。かといって株価の上昇を追求しているわけでもないので、株価も上がりません。年金基金にとっては「ダブルパンチ」と言える状況です。

つまり、今の日本経済の仕組みは、「経済の好循環」の真逆の動きになっていると言わざるを得ないのです。政府にとっては、これは大変深刻な問題です。しかし、個々の企業の経営者にとっては他人事です。もし、企業がどれほどそれを気にしていないかを知りたければ、大手銀行のアナリスト説明会や株主総会などに出席すればすぐわかります。

国の借金問題

日本政府は、GDPが潜在能力よりきわめて低い今の状況によって、もうひとつの問題を抱えています。それが、国の借金です。国の借金の多寡は、絶対額ではなく、あくまでもGDP対比で考えるべきものです。日本政府が抱える借金は、金額が大きいから問題なのではなく、GDPに比べてその比率が高いことが懸念されているのです。

図表8−3にありますように、1人あたりで見た日本の借金は多少高いですが、最大の問題は1人あたりの生産性が低いことにあります。第1章で見たように、日本はGDPが潜在能力に比べて異常に少ないので、借金が目立っています。本来の潜在能力にふさわしいGDPであれ

図表8-3　各国の生産性と1人あたり借金、対GDP比の借金（2015年）

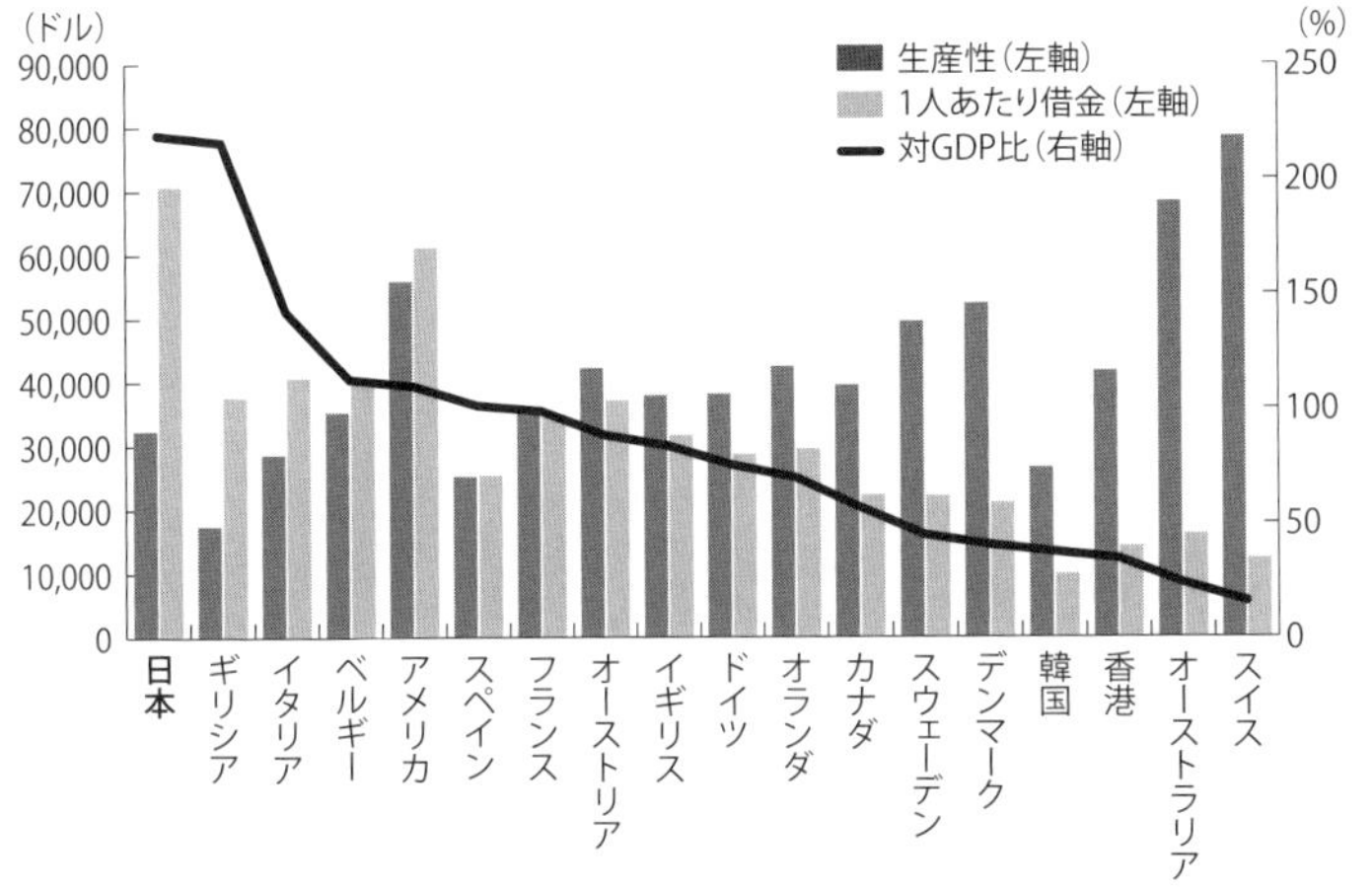

（出所）世界銀行、各国政府データより筆者作成

ば、借金の問題は今ほど深刻ではなくなります。

日本の借金問題は「非常に低い生産性に対して借金の倍率が高い」という意味において、ギリシアと似ています。しかし、ギリシアと比べると、日本は技術や経済基盤などで圧倒的に優っています。つまり、打つ手はまだまだ、たくさんあるのです。

国の借金は、企業にとっては直接的には関係ありません。しかし、国民にとって大事な問題ですし、実は生産性が低いからこそ、借金が問題となっているわけです。つまり、国の借金の問題もまた、経営者の責任だと言えるのです。GDPが本来の水準になれば、借金問題の懸念は大きく緩和されます。言うまでもなく、生産性を上げて、日本人の潜在能力を発揮すれば、給料も上がりますので、税収も上がる効果が期待できます。しかし、国の借金の問題がこれほど深刻化したのは自分たちの経営方針が悪かったせいもあると責任を感じている経営者は、経済界でもおそらくかなりの少数派だと想像しています。

生産性向上と少子化問題

貧困の問題、給料の問題は、少子化にもつながっています。大昔の老後対策といえば、自分の子供たちでした。子供を教育し、家族をもたせ、自らの力で生計を立てられるまで成長させることで、自分たち夫婦の老後の面倒を見てもらうという「自家族年金」というシステムがありました。

それから時間が流れ、年金という社会保障制度が生まれました。ただ、これも「自家族年金」を国家に拡大させただけで、親世代全員が子供世代全員に養ってもらうというシステムです。そのため、理屈としては、自分では子供をつくらなくても、他人の子供に養ってもらうことができます。ある種のモラルハザードが起きています。

子供をかならずつくりなさいなどと言うつもりはありませんが、やはり日本の社会保障制度は、国民が子供をつくっていくことが大前提になっているのはまぎれもない事実です。だからこそ、子供をもうけやすい環境づくり、子育てしやすい環境づくりが大切なのです。それに一番効果的なのは、給料を持続的に上昇させることでしょう。

「現状維持」が至上命題になっている

ここまでで、なぜ生産性を上げて経済を成長させなければならないかはご理解いただけたと思います。では、それを邪魔している要因は何でしょうか。

生産性を上げるためには今までのやり方を変える必要がありますが、前の仕事でも今の仕事でも共通して感じるのは、多くの日本企業や行政機関が、とにかく過去のルールに固執することです。失敗を糧にして進歩しない。外部からどんな正論を言われてもなかなか襟を正さず、中にはその指摘を拒否する人もいます。

この傾向は、私がかつて分析していた金融機関では、今でも当たり前のように確認できます。たとえば請求書。公共料金の請求書をコンビニにもっていけば、すぐにバーコードを読み取ってくれて、支払いができます。期限が多少すぎていても、コンビニでは支払えます。

しかし、お金を扱う専門機関であるはずの銀行では、もう何十年も前から、かならず名前と支払う総額を書かされます。コンビニのアルバイトの方が当たり前のように使っている便利なシステムを、銀行では導入していません。これほどまで技術大国となった日本において、これは大変驚くべきことです。

アナリスト時代に実際、全国でこの支払い書類を削減するだけで、顧客側にも銀行側にも大きなメリットがあることを指摘させていただきましたが、規制当局や銀行側から、ここで記す気にもなれないほど長い反論をいただきました。それらは、申し訳ありませんが、まったく信用できない、ただ単に今の制度を正当化する理屈のオンパレードでした。

不良債権処理をすべきだと指摘したとき、銀行側は、それができない理由としてさまざまな規制の問題をもち出して反論してきました。しかし、最終処理が決まった途端、口実にされていた規制は次から次へと変えられました。つまり、規制云々というのは、ただやりたくないことを取り繕う言い訳だったのです。他にも同じようなケースは山ほどありました。海外の銀行ではペーパーレス化が進んでいる中で、紙の書類をなくせないというのも、やはり言い訳としか思えません。

生産性が劇的に上がる、顧客側の労力や時間が削減できるなどというメリットは一切関係なく、とにかく金融業界のルールを遵守していくことが目的となっている。そのことを、嫌というほど思い知らされました。

なぜ銀行の窓口はいまだに3時に閉まるのか

さらに言うと、今の日本の生産性の悪さを象徴するのが、銀行窓口が午後3時に閉まるという現実です。銀行窓口の営業時間には、生産性を上げようという意識のかけらも見られません。

ご存じのとおり、日本の銀行窓口は午後3時に閉まります。これは、銀行がまだそろばんと手書きの帳簿を使っていた時代の慣習の名残です。3時に窓口を閉めて、お札、小切手、小銭を手作業で確認して、帳簿に書いて計算、数字を合わせると、だいたい5時くらいになります。アナログ時代に、行員たちが5時に終業するための決まりなのです。調べてみたところ、明治時代にできたルールであることがわかりました。

しかし、今はどうでしょう。ATMもあるので窓口の取引は減り、お札や小銭を数える機械もあります。帳簿は手書きではなくシステムが開発され、計算は機械がやってくれます。3時に窓口を閉める理由はないのです。

それより驚くのは、ATMを使った振込も3時までで締め切って、その後の振込は翌日扱いになるということです。システムを使った振込ですので、支店の営業時間に合わせる意味がわかりません。あまりに気になったので全国銀行協会に尋ねてみたのですが、やはり理由はないそうです。ただ単に昔の名残が、検証されないまま続いているのです。

これは、皆が結婚し、男性は仕事、女性は専業主婦という時代だからこそ許容されていた仕組みです。これなら、奥さんがいつでも銀行に行けるので、問題はありませんでした。

しかし、今はそんな時代ではありません。男性も女性も外で働くことが多くなりましたので、結局、昼休みに銀行窓口の長蛇の列に並ばざるをえないのです。このような光景を見るにつけ、多くの人の生産性が犠牲になっていると感じます。

くだらない例だと思われるでしょうか。しかし、こういった例はたくさんあります。「塵も積もれば山となる」のことわざのとおり、日本の生産性を下げる要因は、社会全体に蔓延しているのです。

銀行の窓口を3時に閉めるという慣習は、実は日本オリジナルではなく、ヨーロッパの金融機関で生まれたもので、それがそのまま日本にもち込まれました。皮肉なことに「本家」のヨーロッパではすでに、通常のサービス業の企業と同様に遅くまで窓口を開けるようになりました。ニューヨーク連銀による分析のとおり、IT導入によって働き方を変え、生産性向上を実現したのです。ヨーロッパでは過去の習慣を変えているのに、なぜ日本だけはいまだにこのルールを守っているのでしょうか。

図表8-4は男女の平均賃金の格差を業種別に見たものです。金融・保険業界は、女性にもそ

図表**8-4**　業種別男女の平均賃金の格差

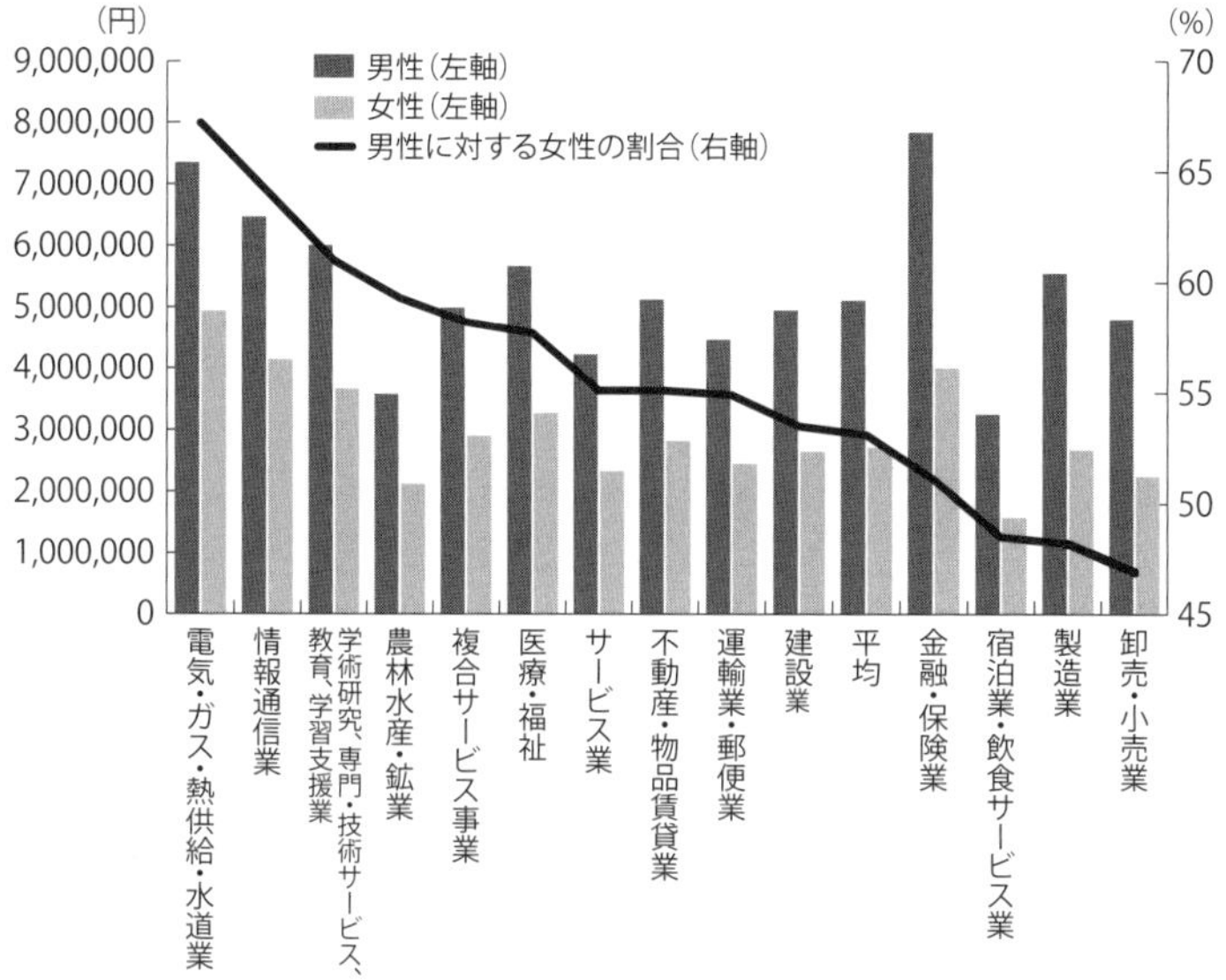

（出所）国税庁データより筆者作成

れなりの水準の給与を支払っていますが、男性に比べてその額はかなり低いです。これは明らかに、ＩＴ化がもたらすべき改革が進んでいないことと、それによって女性に男性と同じ仕事をさせていないことの証だと考えられるのです。これはまさに、ニューヨーク連銀が指摘するＩＴ活用の失敗例です。

改革アレルギー

日本のルールは、本来そのルールがもつ意味が忘れられ、ルールを守り続けることだけが目的化してしまっているという特徴があります。

つまり、ルールが再検証されないのです。

もし私がいまだに銀行アナリストをやっていて、このルールの改善を提言したとしても、激しい反論が寄せられるでしょう。欧州発祥のルールであるにもかかわらず、「日本には日本のやり方がある。西洋の価値観を押し付けるな」とお叱りを受けるでしょう。もしかしたら、「日本の金融機関は優秀で、1円のズレも許さないので、機械だけではなく職人技で計算している。3時に窓口を閉めなくては質が悪くなる」という反論を受けるかもしれません。あるいは、顧客の動向調査などしていないにもかかわらず、「日本人は、3時以降は銀行の窓口を使わない民族である」などという、とんでもないこじつけの意見も出てくるかもしれません。

これはあくまで金融業界の例ですが、他業界にも似たような話は山ほどあります。

人によっては、「イギリスだって同じようなことがあるはずだ」「日本ほど丁寧にこだわりをもって仕事をしている国はない」と反論されるかもしれません。しかし、その指摘は本質を外しています。ここでのポイントは2つあります。

ひとつは、1人あたりの国の借金を考えれば、客観的に見て海外より劣る点は是正したほうがよいということ。もうひとつは、諸外国と比較してわずかでも日本が勝っているなどと優劣を競うのではなく、それが日本の潜在能力にふさわしい実績かどうかを判断基準にすべきという点です。つまり、「海外と比べて、ずば抜けて高い生産性になることに、何か問題でもあるのですか」という問題提起でもあるのです。

金融業界にかぎらず、あらゆる業界で生産性向上の必要性を問う議論になると、かならずと言っていいほど「日本には日本のやり方がある」「生産性を高めて、お金を得ることだけが大事ではない」というパターンの反論で潰されてしまいます。これを繰り返されると、もはや議論は1ミリも進みません。正直、今の日本は、「改革」について建設的に議論することが難しい国だと感じます。

世代が変われば改革は進むと言われて、はや26年

時には、「生産性向上と急に言われても、やはり古い時代の人間には受け入れられない。世代交代したら社会のムードもだいぶ変わる」などと諭すようなことをおっしゃる人もいます。要するに、従来の制度を変えることに反対している人々がリタイアすれば改革がなされ、合理的な制度に否応なしに変わっていくというのです。

一見すると、この主張は合理的な印象を受けますが、鵜呑みにするのはかなりリスキーだと思っています。これが事実ならば、世代は少しずつ入れ替わっているので、少しずつでも改革の芽が見られてもおかしくはありません。しかし、そういう事実は、1990年以降の生産性の

動向データでは確認されていません。そもそも、そういう兆しがあるのなら、移民を迎えるなどという議論が出てくるわけがありません。私は1990年からずっとこの話を聞かされてきましたが、データを見るとその仮説はまったく実現されていません。やはり、改革に対するアレルギー、変えようとすることに対する抵抗の強さを強く感じるのです。

「利益より大切なものがある」という言い訳

それは、私が経営している小西美術工藝社でも同じです。会社のシステムやルールを変えようとした際も、一部の職人から「職人には職人のやり方がある」と、かなり強い反発がありました。私がやろうとしていた改革は利益向上策ではなかったのですが、なぜか「利益だけがすべてではない」とも言われました。

この会社の経営を長年やってきてようやくわかったのは、この「職人気質」を要約すると、インプットという給料に関しては経済原則を適応してほしいが、アウトプットという生産性に関しては「黙って我々のやりたい放題やらせてくれ」と言っているということです。

私は「職人魂」をふりかざす彼らに、よくこのように言っています。

「小西美術工藝社の裏庭には、1万円札が実る木があるわけではありません。給料に経済原則があるように、アウトプットにも一定の経済原則があります。職人は特別な存在で、こだわりをもって仕事をしている、生産性など関係ないと経済原則を否定するようなことを言うのは、給料というインプットも放棄することと同じです。皆さんはご奉仕でこの仕事をしてくれますか」

これを理解してもらった上で私は改革を行い、経営と職人の考え方をよりバランスのとれたものへと転換させました。そうすることで、私が就任する前と比較して、職人の潜在能力が発揮されるようになったと自負していますが、ここまで来るのもかなり大変でした。

この理屈は、国の借金にもあてはまります。1人あたりで見てこれだけ多額の社会保障を整備するのであれば、それ相応の生産性は不可欠のはずです。つまり、社会保障というインプットに比べて、アウトプットたる生産性が低すぎるのです。

「長期的な視点での投資」という幻想

日本的経営のもうひとつの大きな特徴を端的に表現したものが、2016年3月の『月刊

Ｗｅｄｇｅ』に記されていました。多少長いですが、引用します。

東レは14年11月、米ボーイングから新型機の主翼の材料となる炭素繊維を受注した。供給期間は10年にわたり、総額１兆円を超えるビッグビジネスだという。しかし、炭素繊維が利益を生むようになるまで、40年を超えるような長い期間を東レは我慢してきた。利益を上げている既存事業に支えられ、研究開発と製品化の努力を40年以上続けたのである。これは世界の同業他社のトップがうらやむ環境なのだ。

要するに、ＲＯＥを重視するアメリカ的な企業ガバナンスは危険だということです。ここで大事なポイントがあります。

アメリカはＲＯＥという制約があるので、長期的な研究開発に大金を投じることができない。一方、日本の研究開発は目先の利益を求めず、長期的な視野に立っており、それが成功を生んでいる。だから、日本は目先の数字に一喜一憂すべきではない。そう主張しているように、私は感じます。

この主張の正当性を考えるにあたり、まずはこのようなケースが日本では普遍的なのか、あるいは例外的なものなのかを検証する必要があります。前に検証したように、国レベルで見ると、日本の１人あたり研究開発費は世界第10位となっていますが、ＧＤＰへの貢献度で測ると、先進国で下から3番目という効率の悪さです。この事実から「日本は目先の利益を求めていない」という結論を導くのは、あまりにも飛躍がすぎます。長期的な研究開発を否定はしませんが、そこにはもっとバランスのとれた研究開発費の配分が求められるのではないでしょうか。日本の現在の研究開発費はどう見ても効率が悪すぎるのです。

また、日本の研究開発費率が高いのはＧＤＰが異常に低いからであって、実際には１人あたり研究開発費はアメリカより低いので、記事の主張はそもそも、間違えた前提に基づいています。事実、日本がそこまで長期的な研究開発で成果を出しているというのなら、もっと世界が驚くような革新的な技術や、これまで世界のどこにもなかった商品が次々と登場し、東レの例のように、世界が注目する大きな利益を得られているはずです。短期利益を重視していないといっても、どこかでその利益が出るはずですが、戦後70年以上経っても、ＧＤＰ全体にはあらわれていないのです。いつまで待てばいいのでしょうか。

「目先の利益を追わない」という戦略は、しっかりと長期的な利益につながっていれば素晴らしいことです。しかし、研究開発費のＧＤＰへの貢献度が先進国で下から第3位という事実からわかるとおり、そうはなっていないのです。その矛盾が説明できない以上、「日本は目先の利益を追い求めないで大きな成功をおさめる」という主張は、実績が出ないことの単なる言い訳にすぎません。

先ほど引用した東レの例は、日本の今の生産性の低さ、研究開発費の効率からすると、どうしても特殊な例外に映ります。ならば、その例を取り上げて、日本全体の生産性の低さの言い訳に使うのは、不誠実の極みだと感じます。

「日本経済は利益じゃない、ＲＯＥじゃない」「目先の利益にとらわれない技術開発」云々という理屈を非常に厳しく評価させていただくと、「我々の成果を評価するな、好きなようにやらせてくれ」というエゴ丸出しで甘えた思想に見えます。これまでお話ししてきたように、日本経済は自国民の激増という他の先進国にはない強い追い風を受けて成長してきました。そういう時代ならば、このような理屈も通用したでしょう。しかし、今では単なる「ワガママ」です。日本の生産性の低さという問題の根幹は、案外ここにあるような気もしています。やはり、これも余裕があった時代の名残ではないかと思います。

「ＲＯＥを高めよ」という主張の真意

世界のエコノミスト、機関投資家たちは、日本の経営スタイルをより現実的にして、今まで以上にＲＯＥなどの指標を重要視すべきだと指摘しています（図表8－5）。

図表8–5　投資家と企業で重視する経営指標が異なる

	投資家が要望（%）	企業が重視（%）
ROE（自己資本利益率）	93.0	59.1
配当性向	54.7	47.5
総還元性向	43.0	10.4
利益額・利益額の伸び率	38.4	61.0
売上高利益率	32.6	58.7
ROIC（投下資本利益率）	29.1	7.8
ROA（総資本利益率）	26.7	28.0
フリー・キャッシュフロー	25.6	20.4

（出所）生命保険協会の調査（2014年度）より『ウェッジ』作成

理由は、経営者が重視している売上規模だけが大きくなっても、利益総額が大きくなっても、生産性が低いので利益率が悪いからです。もっと「中身」に目を向けるべきだというのです。これは、本書を通して私が述べてきたこととほぼ重なります。

しかし、図表8–5からわかるように、経営者は「中身」より「量」を見ています。第7章で解説した「人口激増時代の思考」に、いまだにとらわれているようです。

利益より公益

生産性向上、GDPの成長を重視していない人がもっとも好む反論は、「利益より公益」という言葉に集約できます。先ほど指摘した「目先の利益ばかりを求めず、長期的にプラスになることを目指す」のは、日本人が会社の利益ではなく、社会全体の利益、つまり公益を優先しているのだとおっしゃる人たちもいます。それについての見解も述べておきましょう。

たしかに、この理屈はもっともらしく、立派な志です。しかし、日本で言う「利益より公益」とは、他の先進国のように「他人を犠牲にして儲けてはいけない」という意味で使われることは少なく、もっぱら「社会全体の公益を考えているから、個々の利益はあまり厳しく求めないでくれ」という自己保身的な意味合いがあるのではないかと思います。会社の利益の低さ、経営戦略の無能さを美化している印象があります。

自社の利益より日本全体の利益（公益）を重視しているという主張が事実であるならば、どこかでそれを確認できるはずです。しかし、経済成長率の低さ、貧困の問題、国の借金、年金の問題などを考えれば、その公益をどこで確認すればいいのか、教えていただきたいのです。

要するに、日本企業の「公益」とは、法人が利益を得るよりも公を優先させるということではなく、日本社会全体にマイナスの影響を与えても、「効率を追求しない」という自分の利益（私益）を優先しているという意味合いが強いような気がしているのです。

そもそも、どの先進国でも「公益」を優先すべきという考えがあり、それが規制の存在する理由となっています。資本主義がゆきすぎて、やりたい放題できないように、規制の網をかけて、一企業の利益が社会全体の公益に悪影響を及ぼさないようにしているのです。

実際、私がゴールドマン・サックスに在籍していた当時、アメリカの利益率の高さの一部は公益の犠牲の上に成り立っていると感じたこともあります。アメリカ企業に長く勤めてみて、あの過剰な利益追求型の制度はさすがにゆきすぎだと感じました。

ただ、アメリカがゆきすぎているからと言って、その正反対、あまりにも利益を気にしていない日本企業を正当化するわけではありません。逆に、世の中がアメリカの利益至上主義を批判した分だけ、日本の利益軽視主義も批判されてしかるべきでしょう。

おそらく、これもまた人口激増時代の名残でしょう。いいものを安く、たくさんつくれば、今は利益が出なくても、そのうち出る。人口が増えているから、その成長に貢献しているという考え方ができたからです。今は人が減っています。追い風が逆風に変わったのです。いいものを安く、大量につくれば、それが「公益」にかなう時代は終わりを告げました。だからこそ、日本型資本主義を調整すべきだと思います。

私益を守るために公益を犠牲にしている

私から見て、今の日本の問題点のひとつはここにあると思います。

「利益より公益」という言葉がひとり歩きを始め、企業の利益の少なさを問題視すると、何やら良くないことをしているように感じられるのです。利益を出さない人を批判すると、「お金ではない利益」「目に見えない貢献」を主張して、「公益」をもち出します。欧米では「儲けすぎ批判」に用いられる「公益」という言葉が、日本ではなぜか「儲けなさすぎ批判」を否定する材料に使われているのです。

日本社会ではいたるところでこの問題が見られます。ひとつ、例を挙げましょう。

観光関係の仕事や講演で地方に足を運ぶ機会が多いので、よく「シャッター商店街」を見かけます。営業をやめた理由を聞くと、客が減ったからというより、経営者が高齢化して体も辛いので廃業したという理由が多く聞かれます。

しかし、商店街というものは一定数以上のシャッターが下りてしまうと、営業を続けている他の店にも悪影響が及びます。そこで、「ご自身で経営するのが難しいようでしたら、他の方に譲って商売をさせたらどうですか」と意見を述べると、だいたいこういう答えが返ってきます。

「住居にもなっている」

「廃業したけど、住居でもあるので立ち退かない」という状態を各々が放置することで、商店街全体の「公益」が損なわれているのです。

当然、個人の財産であれば、しかたがない部分もありますが、商店街の土地を県などの自治体が所有している場合でも、この状況に何も対処しないということに驚きます。商店街という「利益を生み出さなければいけない空間」にいながら商売をやめたのであれば、他の方に場所を譲ってください。これは、それほど冷酷な主張でしょうか。

そんな当たり前のことも言えないほど、日本には「利益のない者を批判してはならぬ」という暗黙のルールがあるようです。

着実に破壊される京都の街並み

京都の街並みにも、同じことが言えます。京都の魅力のひとつは古い京町家の街並みでした。観光客は神社仏閣だけではなく、その歴史的な景観にも魅了され、この地を訪れるのです。東京が江戸のたたずまいをアメリカの空襲でほとんど失ってしまったのと対象的に、京都には古い街並みが残ったのです。日本の観光資源という意味でもきわめて貴重であり、まさしくすべての日本人が後世に引き継ぐべき「公益」です。

しかし、その「公益」が近年、容赦なく破壊されています。

現在、取り壊される京町家は1年間に約500軒。京都市民の多くは、現代的な新しい家を建て、分譲マンションに入居しています。空襲を受けていないにもかかわらず、アメリカ空軍に負けないくらい古い街並みを破壊しまくっているのです。古い街並みが戦争などで多く失われたイギリスをはじめとした欧州では、とにかく残されているものを守っています。こういった破壊は考えられないことです。

そのようなことを言うと、「家は自分の財産なんだから、どんな家に住もうが自由だ」という反論がくるでしょう。しかし、町家を壊す京都人が、日本人の「公益」を破壊しているというのは紛れもない事実です。「利益より公益」と言いながら、実は公益より自分の利益、私益を優先しているのです。

私益を求めるな、などと言うつもりはありません。しかし、短期的にはそれでよいでしょうが、公益が損なわれている以上、その損失は自分たちの子供や孫の世代に及びます。

京都は世界に向かって、京都の文化と歴史をPRしています。観光招致の資料やイメージ写真ではだいたい、花見小路の南側を紹介し、あたかも京都全体があのような町家で構成されているという印象を与えます。ガイドブックでも、京都の街並みを紹介するときはいつも同じ数軒の町家を使います。私は「京町家友の会」の会長をさせていただいていますので、よくわかります。しかし、現実は東京とそれほど変わらず、マンションや近代的なビルが並ぶ普通の街です。

厳しい言い方をすれば、このようなPRは「詐欺」と批判されてもしかたがありません。皆さんがガイドブックなどでベネチアの古くて美しい街並みを見て、実際に遠路はるばる足を運んだとしましょう。宮殿と教会以外はこの30年くらいに建てられた、普通の近代的なハウスメーカーの家ばかりだったとしたらどうでしょう。騙されたと思わないでしょうか。そのような汚名を、自分たちの子や孫に着させてしまっていることを、京都で京町家を壊してビルやマンションを建てている京都人たちは本当に理解しているのでしょうか。京都市、京都府、国は、なぜ規制に動き出さないのでしょうか。

このように、実は日本は「利益より公益」と言いながらも、個人の利益に対して、あまりにも過保護すぎるという問題もあるのです。

「利益を上げない個人」をどこまで守るべきか

さて、ここまで「利益を上げない個人」を問題視してきました。ここで避けて通れないのが、第7章でもご紹介した「中小企業かわいそう現象」という構造です。

たとえば、中小企業の社長がＮＨＫに取り上げられ、「大企業の利益がよくなっても、我々のところはちっともよくならない」と、公的支援の必要性を訴えます。すると、評論家や一部の政治家が、「こういう気の毒な人たちまで元気にならない社会は意味がない」と言い、何らかの支援策をつくります。これが「中小企業かわいそう現象」です。

もちろん、私も気の毒だとは思います。しかし、客観的に見れば、そのような中小企業の一部は、競争に取り残されるような仕事のやり方をしています。経営改善ができないのであれば、廃業や合併などの道を選ばなくてはいけません。

厳しい言い方ですが、「かわいそう」だけで公的支援を行って、延命させることで、中小企業経営者の「私益」は守られますが、それが日本の「公益」に見合うのかという点は疑問です。

たとえば、第5章でご紹介したニューヨーク連銀の分析のとおり、ＩＴ導入によって生産性を上げてもらうために公的支援をするのならわかります。しかし、それができないなら、廃業や合併などの形で「犠牲」になってもらうしかありません。生産性を上げたくないから公的支援を求めるというのは、本末転倒なのです。

ところが、このようなことを言うと「そういう殺伐とした考えは日本的ではない」「みんなが幸せになるべきだ」という反論がわき起こります。これもやはり、恵まれた時代の名残でしょう。

わが文化財修理の業界にも同じ現象があります。よその社長さんと話をしても、「なぜそこまでして変わらなくてはいけないのだ」「赤字になれば、公的支援をもらって継続すればいい」と胸を張って主張する方もいます。

自分自身が変わる努力をしていないのに「私益」を維持しようとすることが、実は公益を損なうということに気づいていないのです。私益イコール公益、変わらないことイコール公益と思っているのでしょう。これもまた、日本の生産性が改善されない原因のひとつだと思います。

「私益」が「公益」を損ねる場合、アメリカや他の先進国のように政府が規制して、「私益」の膨張を押さえるべきです。しかし、「私益」が得られない人たちが増え、その損を国家が補填せよと言い出したら、もはや収拾がつきません。「私益」をどうにか確保したい人たちを「かわいそう」だから助けるために、「公益」を損ねていくのか。なかなか膨らむ気配のない「私益」とともに、「公益」もどこまでも墜ちていくのか。これは今の日本の死活問題にもなる、きわめて重要なテーマだと考えています。

利益と世代の関係

私は、仕事や政府の委員会などで、「利益より公益」と言いながら実は個人の「私益」を守ろうとしている人によくお会いします。最近気づいたのですが、そういう方のほとんどが住宅ローンの返済を終えている世代、つまり、しっかりと蓄えがあり、生活していく上での不安が少ない世代の方々なのです。

言わずもがな、若い世代は、結婚するにも、家を買うにも、子供を育てていくにも、お金がいります。さらには、上の世代の人たちの年金や医療費をまかなうための社会保障費も払わなければならない。どれだけお金があっても足りません。自分たちの置かれた状況から、日本の財政にも「打ち出の小槌」などなく、しっかりとした根拠に基づいた経営をしなくてはいけないということを、身をもって理解しています。やはり今の若い世代は、生産性を重視していると感じます。

しかし、すでにある程度の富を得て、これから社会保障の恩恵にあずかろうという世代の人たちには、このような危機感はなかなか抱けません。現実に目を背けていると言ってもいいでしょう。利益あっての社会保障制度なのに、この世代の人たちは「利益・効率化・生産性向上」を否定する傾向が強いのです。

日本の観光業を活性化させる「民泊」に対する反対の論調にも、観光客が増えてもいいが自分たちの住んでいる町には来てほしくないという意見にも、同じ構造を感じています。

社会福祉の恩恵にはあずかろうとする一方、「大切なのはお金だけじゃない」「利益や効率性ばかりを追求するのはいかがなものか」と言うのは、厳しい現実の中で生きていないから言える「妄言」なのです。

よく上の世代は、「1964年の東京オリンピックのときは、日本は活気に溢れていた」と目を細めながら言います。しかし、1964年の日本人の平均年齢は29歳だったそうです。先ほど申し上げたように、厳しい現実を見据えて、今ある条件の中で新しいことをやっていこうという若い世代が、日本中に溢れていました。

あれから50年が経過し、平均年齢は49歳まで上がりました。なぜ1964年と比較して活気がないのか、なぜ変わることに対して激しい抵抗に溢れているのか。私には、その理由が何となくわかる気がします。

日本型資本主義は「調整」する必要がある

厳しい言い方で今の日本型資本主義を批評させていただきましたが、私は何も日本型資本主義の思想を「間違っている」と全面的に否定しているわけではありません。

第6章のイギリスの大学の話にもありましたように、景気のよいときは何でも褒められて、景気の悪いときはすべてが否定される傾向があります。景気のよいときは「職人魂」もまた、日本の素晴らしい特徴だと褒められてきました。

ただ、実際にその制度を維持するための大前提が変わってしまった今、変えなくてはいけないところは変えるべきだと申し上げているのです。とはいえ、制度そのものを根本から変える必要はなく、「調整」をすれば事足ります。

「職人魂」をはじめとする日本の従来の文化を存続させ、後世にその素晴らしい技術や思想を伝えていくためにも、過去の制度に固執して変化を拒絶するのではなく、現状に見合ったこだわりと生産性のバランスを「調整」する。それを受け入れる必要があります。無条件な反対、昨日までやっていた仕事をそのまま明日もやりたいという思想を変える必要があるのです。

とはいえ、愚痴を言っていても始まりません。この強い抵抗の中で、どのようにすれば「改革好きの国」になることができるのか。最終章では、それを提言させていただきたいと思います。

第9章

日本の「潜在能力」をフルに活用するには

いよいよ最後の章となりました。

どの分野でも問題を指摘すること、とりわけ制度の批判をすることは、実は簡単です。難しいのは、指摘したその問題を具体的にどう解決していくのかという方法論であり、さらに難関なのは、それを実行することです。

そこで本章では、これまで指摘してきた問題を解決するためには何をすべきか、私の方法論を提示したいと思います。

アベノミクスの足を引っ張っているのは「経営者」

1990年代初頭、バブルが崩壊しました。そのときから政府は経済対策、株価維持政策、公共投資、減税、低金利に続くゼロ金利とマイナス金利、円高対策に規制緩和、量的緩和などなど、ありとあらゆる政策を実施してきました。

にもかかわらず、GDPは横ばい。しかも、それが20年も続いています。

要するに、日本政府はできることをほとんどすべてやってきましたが、効果が出ていないのです。

それはなぜか。

車社会にたとえてみましょう。政府は交通環境を整える役割を果たしています。政府は道路を用意しました。教育という意味で、運転する技術も教えました。量的緩和、規制緩和、ゼロ金利という意味で、最高のガソリンを用意しています。最新の車に買い替えるための補助金も用意しています。

しかし、車のスピードが上がらない。

その理由は、車に乗っているのは民間人で、運転するのは経営者だからです。よく見ると、経営者は古い車に乗ったまま、マイペースに運転しています。インフラの改善を完全に無視しています。高速道路を人力車で走っているような経営者も散見されます。最高のガソリンを用意しても、素晴らしい道路をつくっても、今まで以上に速く走るつもりのない運転手が運転席に居座っているかぎり、効果は出ません。それが今の日本経済の姿です。

政府は運転こそできませんが、それ以外にできることをすべてしていると思います。後は、どうやって速く走らせるかです。

図表9-1にありますように、日本は高スキル労働者の比率と1人あたり生産性の比率がもっとも乖離している国です。潜在能力が一番活かされていない国と言ってもいいでしょう。それによって貧困率が高くなっています。

そこで、安倍政権では、600兆円というGDP目標を立て、企業には賃金の引き上げと資

図表**9-1**　高スキル労働者比率と生産性（2015年）

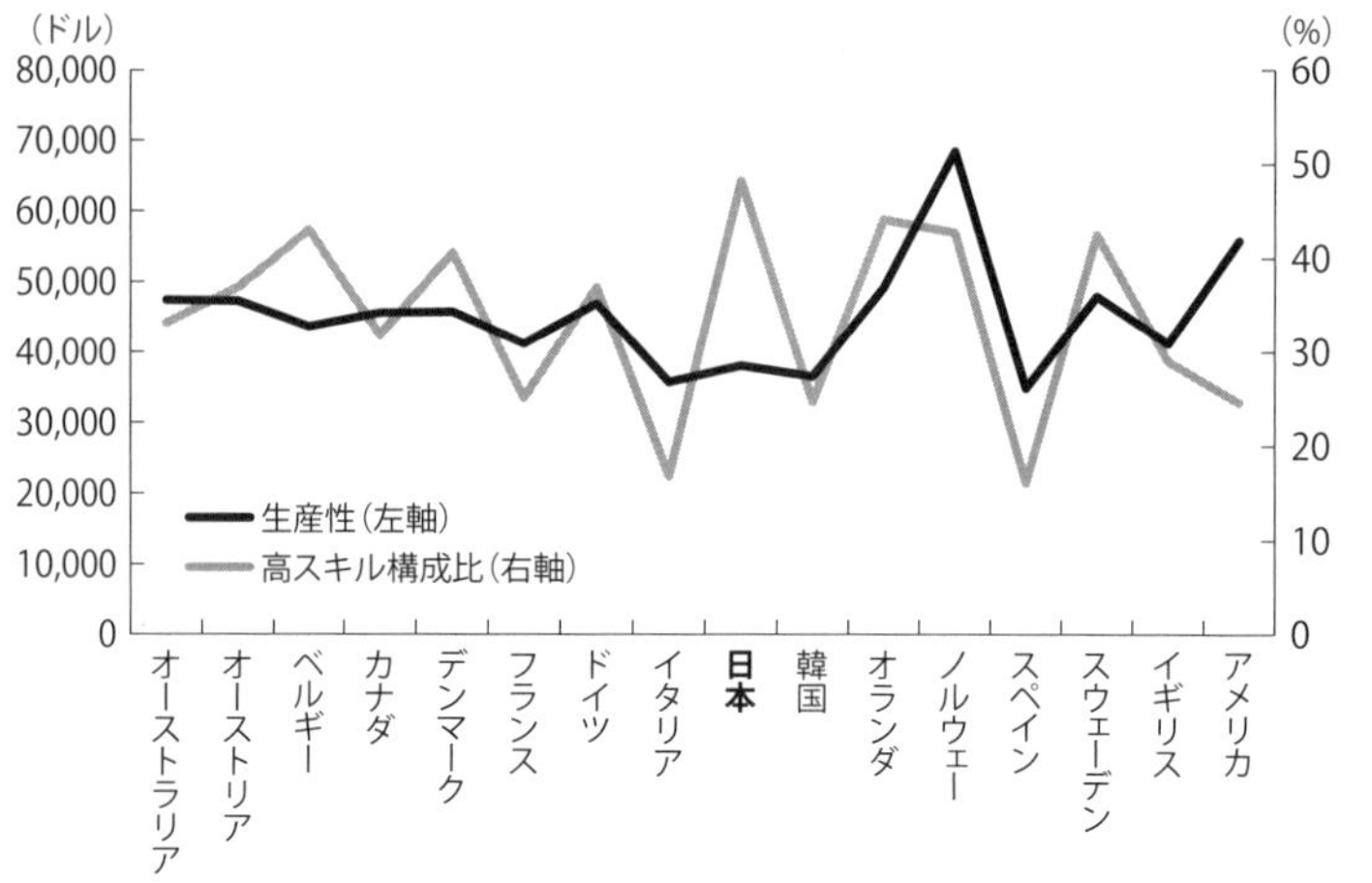

（出所）国連データより筆者作成

本金の活用を訴えています。これは正しい成長戦略です。特に600兆円というGDP目標は、人口は増えないのですから、生産性を向上させてほしいということです。要するに、政府が運転の仕方を詳しく教えてくれているのです。しかし、何年経ってもアベノミクスは効果が出ないと言われています。私は、それは経営者が動き出していないし、動くつもりもないからだと考えています。

　まずは経営者が国の問題を気にせず、アベノミクスの足を引っ張っているという事実を認識した上で、経営者を動かす方法を早急に見つける必要があります。それさえ見つかって、実行すれば、日本は潜在能力をフルに発揮できるようになると考えています。

この第9章では、まず日本の潜在能力にふさわしい目標を立ててから、どうしたら運転手を動かすことができるかを考えていきます。

日本の潜在能力にふさわしい1人あたり目標を計算する

大前提として、これからの日本は人口が減りますので、「人口ボーナス」という追い風はありません。だからと言って「かならず衰退していく」というわけではないことは、何度も述べてきたとおりです。ただ、生産性を向上させなければ「失われた20年」はさらに延長し、事態が深刻化していくのは間違いありません。そこに歯止めをかけるのが、「アベノミクス」の真意です。「GDP＝人口×生産性」という経済の基本原則を理解していれば、人口が増えないのなら、生産性を向上させていくしか道はありません。このシンプルな構造に、難解な経済論は不要です。

くり返しになりますが、日本は世界第11位の人口大国ですので、絶対目標での単純な国際比較をすれば、ランキングの上位に入ります。これが過ちを引き起こす原因です。

本書で何度も指摘したとおり、GDPランキングは単にGDPの総額ですから、1億人を超える数の力で勝てます。ただし、これからは日本経済の強みだった人口が諸外国と比べて相対的にも減少していくので、GDPランキングの優位性は失われていきます。これはつまり、今まででよりさらに賢い運営が求められるということです。

日本が「人口減少大国」になっていくという大前提に立てば、まずは日本人1人ひとりが潜在能力を発揮しなくてはいけないことは明白です。つまり、絶対数であるGDPとともに、「1人あたりGDP=生産性」を上げていくという目標を立てる必要があるのです。

輸出は今の3倍に増やせる

では、わかりやすいところから考えます。

人口が減少すると、モノやサービスに対する需要が「かならず減る」とは言えませんが、国内需要が不足しやすい環境にはなります。しかし、供給は人口に比例しては減りません。極論を言えば、日本の人口が大きく減れば、道路はあまりますし、新幹線の座席数もあまるということです。

需要が減り、供給が減らないのであれば、供給過剰が生じます。経済学の教科書では、供給過剰の分は輸出すればいいとされています。これからますます日本経済は供給過剰になっていくのに、今の日本の1人あたり輸出額は世界第44位。潜在能力に比してあまりにも少なすぎるということを前にも述べました。

では、日本の生産性向上のため、適切な輸出目標を計算してみましょう。

日本の2015年の1人あたり輸出額は4914ドルでした。これはアメリカとほぼ同じですが、韓国（1万3711ドル）の約半分、ドイツ（1万5000ドル）の3分の1程度です。日本の経済基盤からすると、1人あたり輸出額は1万ドルから1万5000ドルの間が適切な水準でしょう。これを総額に直すと、約160兆円あってもおかしくはないのです。今は約62兆円ですから、約3倍に引き上げていく潜在能力があります。ドイツ、スウェーデン、デンマークができて、日本にできないはずはありません。

輸出額の対GDP比率がアメリカと同程度だからと今の水準を正当化しようという主張もありますが、アメリカにはいまだに人口ボーナスの追い風が吹いています。日本とは基礎条件が違いますので、アメリカを真似るべきではありません。

1980年代の日本経済は、世界経済に占める比率が非常に高かったので、輸出額を倍増させるとその影響が大きく、諸外国からの反発も強かったでしょう。しかし、今の日本経済はアメリカ経済の約3分の1程度の規模まで縮小していますので、過去ほどの摩擦は予想されません。

図表**9-2**　各国の輸出とアウトバウンド（2014年）

国名	輸出額（10億ドル）	人口（人）	1人あたり輸出額（ドル）	アウトバウンド（人）	対人口（%）
シンガポール	384.6	5,535,000	69,485	8,903,000	160.8
香港	499.4	7,324,300	68,184	84,519,000	1,154.0
ルクセンブルク	20.9	576,200	36,272	1,516,000	263.1
スイス	270.6	8,325,194	32,504	12,403,000	149.0
アイルランド	140.4	4,635,400	30,289	6,676,000	144.0
オランダ	488.3	17,009,000	28,708	17,928,000	105.4
ベルギー	281.7	11,315,058	24,896	10,818,000	95.6
ノルウェー	106.2	5,213,985	20,368	3,395,000	65.1
デンマーク	94.1	5,707,251	16,488	8,528,000	149.4
オーストリア	141.4	8,699,730	16,253	10,994,000	126.4
ドイツ	1,292.0	81,770,900	15,800	83,008,000	101.5
スウェーデン	151.1	9,866,670	15,314	15,917,000	161.3
フィンランド	66.9	5,492,430	12,180	8,731,000	159.0
カナダ	428.3	36,048,521	11,881	33,518,000	93.0
韓国	535.0	51,584,349	10,371	16,081,000	31.2
オーストラリア	184.4	24,068,460	7,661	9,114,000	37.9
フランス	509.0	66,673,000	7,634	28,180,000	42.3
イタリア	454.6	60,676,361	7,492	28,460,000	46.9
ニュージーランド	34.3	4,686,930	7,325	2,276,000	48.6
サウジアラビア	222.6	32,248,200	6,903	19,824,000	61.5
イギリス	442.0	65,097,000	6,790	60,082,000	92.3
イスラエル	56.4	8,522,000	6,618	5,181,000	60.8
マレーシア	203.8	30,945,100	6,586	30,761,000	99.4
スペイン	277.3	46,423,064	5,973	11,783,000	25.4
ポルトガル	57.2	10,374,822	5,513	1,329,000	12.8
アメリカ	1,598.0	323,426,000	4,941	68,303,000	21.1
日本	**624.0**	**126,980,000**	**4,914**	**16,903,000**	**13.3**
メキシコ	430.9	122,273,473	3,524	18,261,000	14.9
ブルガリア	24.3	7,153,784	3,401	4,158,000	58.1
チリ	61.8	18,191,900	3,398	3,169,000	17.4
タイ	214.8	65,097,000	3,300	6,444,000	9.9

（出所）CIA、UNWTOデータより筆者作成

日本は輸出にかなり力を入れているのではないか、と思われるかもしれませんが、十分な努力をしていないという決定的なデータがあることにも言及しておきましょう。輸出が盛んな国は、アウトバウンドの観光客が多いという傾向があります。なぜかというと、ビジネスマンの海外出張も「観光」としてカウントされるからです。

図表9-2にありますように、国連のデータによれば、2014年に日本から海外旅行に出かけたのは1700万人でした。これは、全世界で見ると第17位に位置します。人口が日本の13％しかないオランダは第16位です。人口に対するアウトバウンドの比率を見ると、1人あたり輸出額が1万5000ドル以上の国では平均115％でしたが、輸出額が1万5000ドル以下の国では、これが16％にまで減ります。極端に人口が多く、この比率が低い中国をのぞいたとしても、33％までしか上がりません。日本人が海外へ営業に出掛けていないのであれば、努力をしていないということですから、輸出額が少ないのは当然です。

農産物輸出は今の8倍に増やせる

もっともわかりやすい輸出目標は、農産物の輸出です。日本の農産物輸出額は世界トップ22の中にすら入りませんが、日本は日照時間が長く水資源も豊富な、農産物をつくりやすい国でります。特にお米に関しては、つくろうと思えば、かなり供給過剰になるほどつくる潜在能力があります。

環境に恵まれていて、やろうと思えば今よりたくさんつくれるのに、減反政策などでつくっていない。機械化は進んでいるのに、農地の集約などの合理化は進んでいない。潜在能力と実績の間に大きなギャップがあるという日本の姿を象徴している業界が、農業なのです。

農産物の輸出額の世界平均は、ＧＤＰの１・６％です（図表9−3）。日本のＧＤＰが異常に少ないという点を無視してこの割合を日本にそのままあてはめると、輸出額目標は約８兆円となります。もしこの目標が実現されたら、農産物輸出額は世界第3位となり、ドイツより少し上に位置します。

８兆円もの農産物をつくる土地などどこにあるのだ、そんな目標は現実的ではない、という声も聞こえてきそうですが、そんなことはありません。

たとえば、世界第2位の農作物輸出大国であるオランダの２０１４年の農産物輸出額は８・５兆円です。さぞ広大な面積があるのだろうと思うかもしれませんが、オランダの農地面積は世界第１１９位。世界第51位の日本より、かなり農地が少ないのです。

国としての人口も１７００万人しかいませんし、農業人口は80万人だと言われています。たったそれだけでも生産性を上げれば、世界第2位の農産物輸出国になれるのです。

図表9-3　各国の農産物輸出額

	1995年（10億ドル）	2014年（10億ドル）	伸び率（%）	GDP（10億ドル）	対GDP比率（2014年、%）	耕作面積（平方キロメートル）	対平方キロメートル（ドル）
総額	361.2	1,170.2	324.0	73,994	1.6	17,298,900	67,646
アメリカ	42.2	112.6	266.8	18,558	0.6	1,669,302	67,453
オランダ	34.1	83.7	245.5	763	11.0	7,702	10,867,307
ドイツ	21.2	69.6	328.3	3,468	2.0	117,793	590,867
中国	10.0	58.9	589.0	11,383	0.5	1,504,350	39,153
ブラジル	10.0	51.3	513.0	1,535	3.3	661,299	77,575
フランス	30.3	51.3	169.3	2,465	2.1	227,155	225,837
スペイン	11.5	39.1	340.0	1,242	3.1	184,981	211,373
カナダ	11.7	38.6	329.9	1,462	2.6	474,681	81,318
ベルギー	11.5	37.7	327.8	465	8.1	8,511	4,429,562
インド	5.4	32.0	592.6	2,289	1.4	1,535,063	20,846
イタリア	11.2	31.4	280.4	1,849	1.7	104,377	300,833
タイ	10.7	28.8	269.2	410	7.0	176,407	163,259
オーストラリア	9.7	28.0	288.7	1,201	2.3	471,550	59,379
アルゼンチン	7.2	27.6	383.3	438	6.3	284,342	97,066
ベトナム	1.6	23.0	1,437.5	201	11.4	88,075	261,141
ポーランド	2.1	23.0	1,095.2	474	4.9	125,590	183,136
ニュージーランド	5.6	22.8	407.1	170	13.4	33,395	682,737
メキシコ	5.4	20.5	379.6	1,082	1.9	268,072	76,472
イギリス	10.9	20.0	183.5	2,761	0.7	56,604	353,332
デンマーク	10.9	18.3	167.9	302	6.1	22,376	817,841
トルコ	3.4	15.2	447.1	751	2.0	255,893	59,400
ロシア	0.8	15.0	1,875.0	1,133	1.3	1,192,300	12,581
その他	91.6	315.6	344.5	19,593	1.6	7,829,082	40,311

（出所）国連、CIAデータより筆者作成

一方で、「オランダはEU加盟国だから、それだけの多くの輸出ができるのだ」という指摘もあります。たしかに、オランダの農産物輸出の77％がEU向けですが、EU外への輸出だけでも2兆円です。日本の輸出額の倍以上です。

アジアという巨大なマーケットを目の前にして、農業技術と農作物の品質にこれだけの自信があるのですから、今の守りの姿勢から攻めの姿勢に転じ、日本の外交パワーを用いて徹底的に実行していけば、8兆円という目標は決して現実離れしていないと思います。

もはやアメリカの背中を見るのをやめるべき

その次に重要なのは、1人あたりGDPの目標設定です。

日本の1人あたりGDPは世界第27位だということは前に述べたとおりですが、それは裏を返せば、日本の上に26カ国あり、それらの国をモデルケースにすることができるということでもあります。

この本を書いているうちに、今の日本経済の実態はスペインやイタリアともっとも近いにもかかわらず、日本の戦略とアメリカの戦略が似ていることに気づきました。輸出にしても、観光にしても、さまざまな面を比較すればするほど重なってきます。

しかし、日本とアメリカには、決定的に違う部分があります。それが人口です。日本は人口が減少しているのに対し、アメリカは私がアメリカを離れた1990年から今までの26年間に、ドイツの人口に匹敵する人口を増やしているのです。中国やインドの台頭という世界の情勢、さらに日本の人口減少などを考えると、もはや日本とアメリカを比較していればいいという時代が終わりつつあるのは明らかです。実際に、専門家の間では、2050年の日本に一番近い国は、欧州の国々だと言われているのです。今は1億人を超える人口大国ですが、いずれ欧州に多い中堅国の人口規模になるのは目に見えているからです。

実際に欧州は、日本がもっと気にすべきエリアだと思っています。欧州の中堅国は、日本のように労働者の質が高いことで知られています。しかも、日本よりも生産性がはるかに高く、格差問題が緩和されている国も散見されます。

欧州の国々は、絶対数で勝負したところでアメリカなどの大国には勝てません。そこで、経済規模ではなく、「中身」を徹底的に追求するという戦略をとっているのです。また、いくつかの業界を集中的に発展させていくことで、大国とのギャップを埋めようと努力しています。これはまさしく日本が進むべき道ではないでしょうか。

日本のような人口1億人以上の大国が、このような中堅国の戦略を実現して、成果を上げたケースはまだありません。もしこれを日本が実現することができれば、まさしく世界初の試みとなるでしょう。

GDPは770兆円まで増やせる

では、中堅国を参考にする場合、具体的な数値目標はどう設定すべきでしょうか。それは、現在の日本の1人あたりGDPの約4万ドルから、第1位のルクセンブルクの約10万ドルの間で、政府が設定すべきことです。私がここで決めるようなものではないでしょうが、潜在能力は検証できます。

高スキル労働者比率が世界一の48％という事実と図表5−3のデータをふまえて計算してみると、私は今現在の潜在能力は、GDP770兆円に匹敵すると試算しています。現状の約1・5倍です。

GDP770兆円を日本の人口で割ると、1人あたりGDPは5万8000ドルで、アメリカの5万5805ドルを上回り、世界5位。購買力調整後では世界第8位にすぎません。1990年の日本の1人あたりGDPが世界第10位だったことを考えれば、決して不可能な目標ではありません。特に、日本の技術力、勤勉さ、高スキル労働者比率、国の借金などをふまえると、こ

図表9-4　生産性と高スキル構成比（日本のGDP=770兆円のケース）

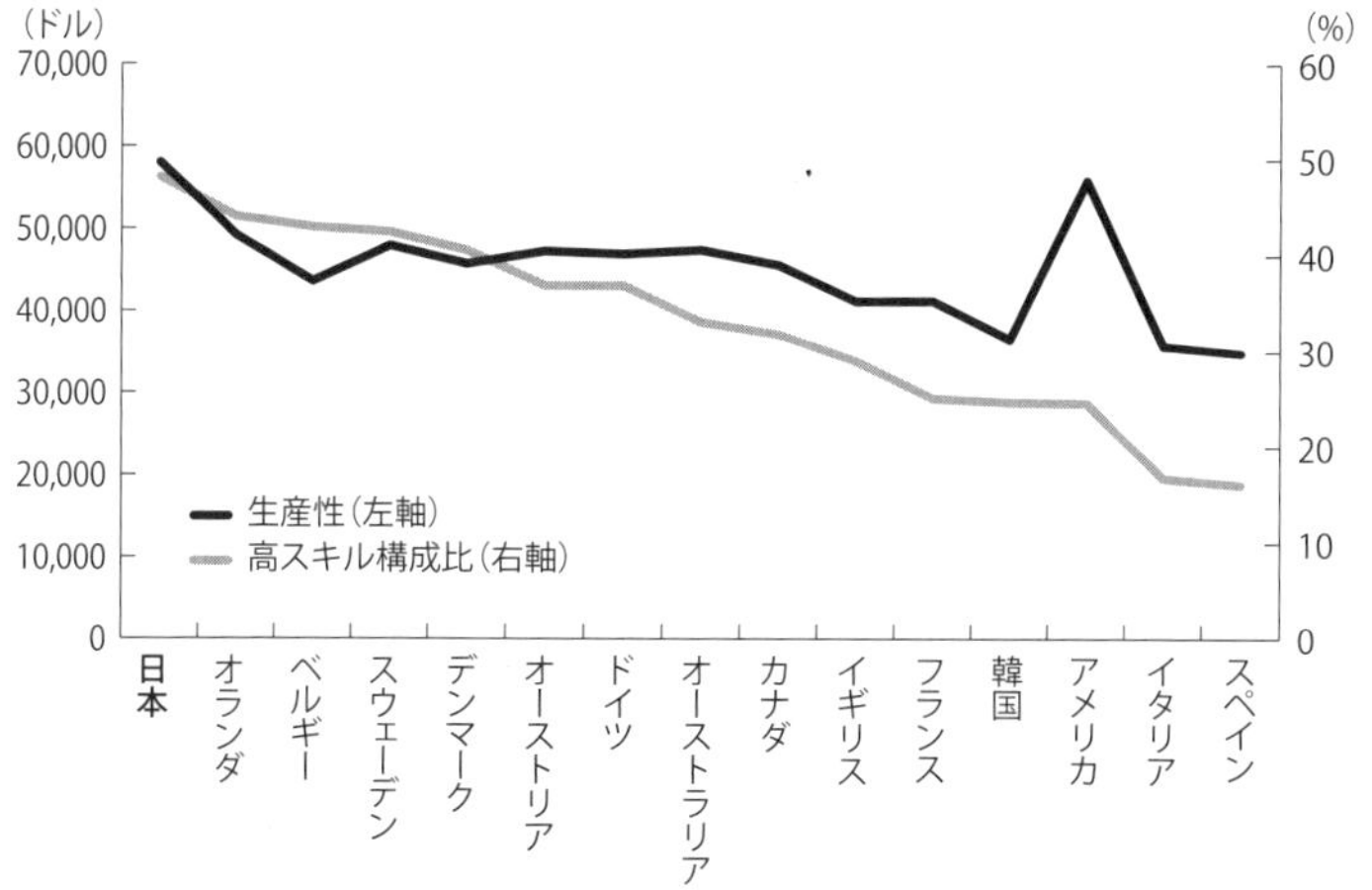

（出所）国連、世界銀行データより筆者作成

の目標は、きわめて妥当な目標なのです（図表9－4）。日本は労働時間が長いので、働き方が欧州と同じくらい効率的になれば、1人あたりGDPは欧州を上回ります。ちなみに、アベノミクスの目標値であるGDP600兆円で計算すると、1人あたりGDPは世界第13位です。

GDPが増えれば当然、税収が増えます。単純に、世界銀行が発表している日本の税収の対GDP比率である28％をGDP増加分の約270兆円にかけると、約75兆円の税収増加が期待できる計算になります。

GDPは1・5倍増なのに、なぜ本書のタイトルにもあるように所得が倍増するのかと疑問に思われるかもしれません。たしかに、一般的にはGDPと所得は、よくても比例して伸びると言われています。私が「所得倍増」を実現できると考えているのは、現在相対的に低い値にある日本の労働分配率が多少改善することと、総人口に占める労働人口比率の低下を反映しているからです。

現在、日本の1人あたりGDPは世界で第27位です。これが今の偽らざる「実績」ですが、裏を返せば、目標を高くすればすさまじい「伸びしろ」があるということです。よく日本では自分たちのことを「成熟経済」「成熟国家」と評しますが、1人あたりGDPに関して言えば、そのような表現は間違っています。日本は「生産性途上国」と言ってもさしつかえありません。厳しい言い方をすれば、本書で何度も指摘した「技術力によって世界第2位の経済に成長した」という「妄想」と一緒です。

やればできることを、「観光業」が証明した

この議論とまったく同じ構造なのが、観光戦略です。

観光は輸出業でもありますので、観光戦略が成功して観光客が増えることは、輸出額の増加につながります。

拙著『新・観光立国論』などでも繰り返し指摘してきましたが、これまで日本は観光戦略に

力を入れてきませんでした。魅力ある観光資源が整備されておらず、発信もうまくできていません。付加価値を高めていないため、収入面などを見ても生産性が低いことがわかります。そのため、2014年の日本の対GDP外国人観光客収入は、129カ国中第126位という、目もあてられない状況でした。潜在能力があっても、それを発揮できていなかったのです。

しかし、最近になって、政府が動いたことで国や自治体、観光業者の意識が大きく変わり、本来もっている潜在能力が引き出されつつあります。実績も飛躍的に伸びています。

つまり、ポイントは意識改革です。十分にやっているという思い込みを捨て、「上」を見ていくことが大切なのです。

当然ですが、GDPは増やしたいと思ったからといって、簡単に増えるものではありません。しかし、増やすべきという目標を掲げないことには何も始まりませんし、努力しなければ絶対に増やすことはできません。日本の潜在能力を信じる者の1人としては、やる気になればかならず実現できると考えています。

生産性を上げるには首都・東京がカギ

もちろん、高い目標を設定すると、さまざまな反発が予想されます。労働時間を増やすのではなく、今よりも真剣に働くことを考えるのだと説明しても、自分たちの仕事の成果を求められることを極端に嫌う人々からは、猛烈な抵抗が予想されます。

「そんなに生産性ばかりを追求したら、現場の負担が重い」

「生産性だけが大事なことではない。あまり生産性、生産性と言い出すと社会全体がギスギスする」

「日本は独自の戦い方があるので、海外に合わせる必要はない」

では、このような反対意見を掲げる方たちを納得させ、「改革」を進めていくにはどうすればいいのでしょうか。

それを考えていく前に、各国の生産性にまつわる非常に大事な分析をご紹介しましょう。政府として国の目標を決めるに当たって、どこに働きかければいいのかがわかります。

EUを見てみましょう。EUでは地域別の生産性を出しており、その数字からある事実が浮かび上がります。それは、主にドイツをのぞくEU諸国では、「その国の首都の生産性が、全体の生産性を引き上げている」ということです（図表9－5）。ドイツが例外なのは、ベルリンが長年西

図表9-5　EU各国の地域別生産性（2014年）

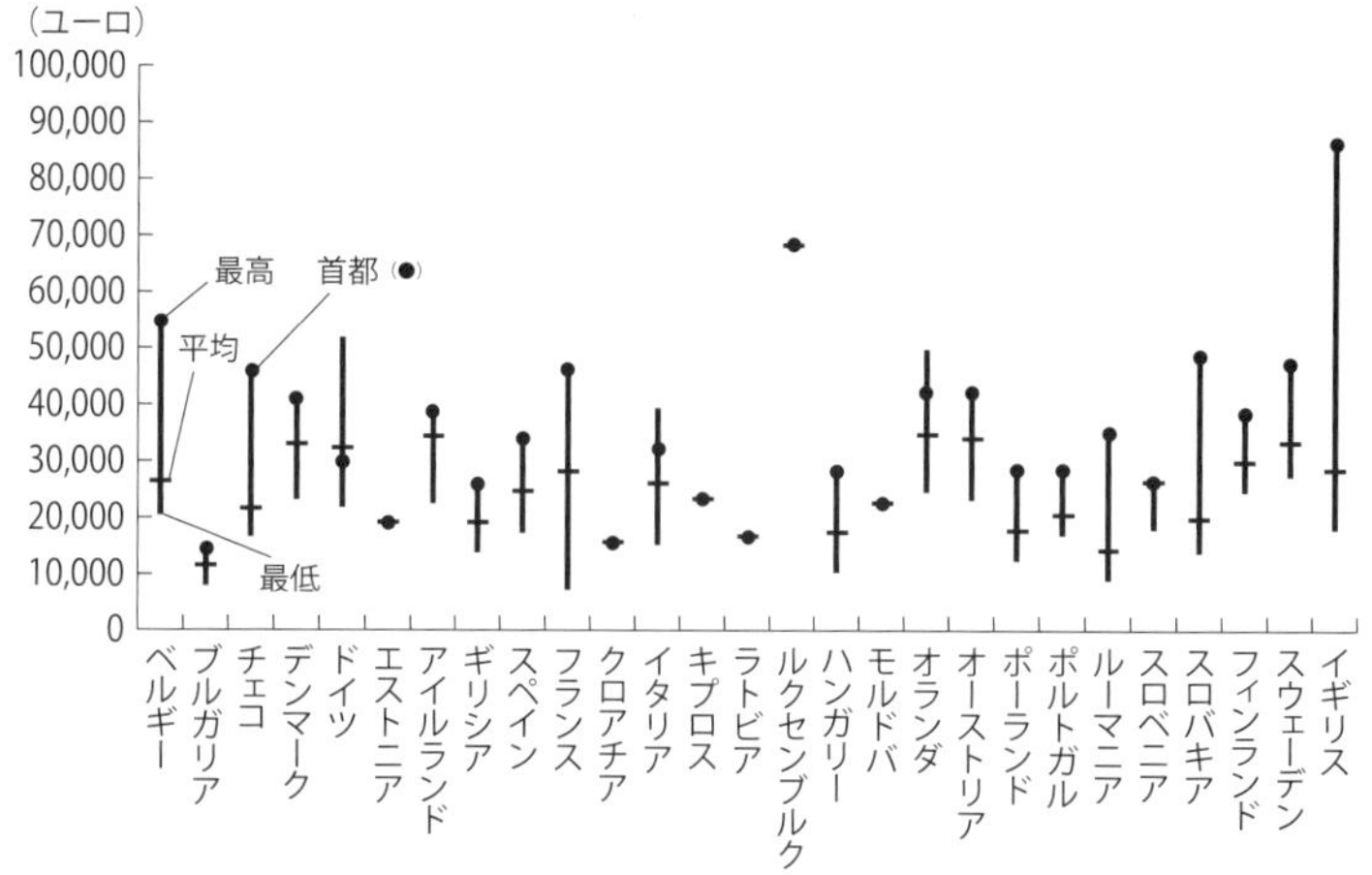

（出所）EUデータより筆者作成

ドイツの首都ではなかったことが影響しています。

ある意味で当然と言えば当然ですが、国の中心部の生産性が高くなればなるほど、全体が高くなるという傾向が強くあります。EU平均の生産性を上回っている国は、首都の生産性も平均を上回っているのです。

たとえば、EU最高の生産性を誇るロンドンは、日本円に換算すれば、1人あたり1000万円もの生産性を上げています。

そう聞くと、ロンドンは金融の街だからという声が聞こえてきそうです。たしかにシティの影響が大きいのですが、それだけでロンドンが成り立っているというのは、日本の経済はトヨタで成り立っているというのと同じくらい乱暴なロジックです。全体

図表9-6　県別総生産と生産性（2013年度）

	総生産（10億円）	1人あたり総生産（1000円）	対平均（%）		総生産（10億円）	1人あたり総生産（1000円）	対平均（%）
北海道	18,269	3,364	84.2	滋賀	5,968	4,215	105.5
青森	4,412	3,304	82.7	京都	9,825	3,754	93.9
岩手	4,516	3,489	87.3	大阪	37,315	4,217	105.5
宮城	8,817	3,788	94.8	兵庫	19,233	3,461	86.6
秋田	3,477	3,311	82.9	奈良	3,521	2,545	63.7
山形	3,830	3,356	84.0	和歌山	3,583	3,658	91.6
福島	7,175	3,687	92.3	鳥取	1,768	3,061	76.6
茨城	11,511	3,927	98.3	島根	2,351	3,349	83.8
栃木	8,232	4,145	103.7	岡山	7,273	3,768	94.3
群馬	7,825	3,945	98.7	広島	10,843	3,818	95.6
埼玉	20,678	2,863	71.7	山口	5,779	4,071	101.9
千葉	19,811	3,199	80.1	徳島	2,937	3,816	95.5
東京	93,128	7,002	175.2	香川	3,647	3,701	92.6
神奈川	30,219	3,329	83.3	愛媛	4,777	3,400	85.1
新潟	8,834	3,791	94.9	高知	2,263	3,038	76.0
富山	4,357	4,049	101.3	福岡	18,190	3,574	89.4
石川	4,545	3,920	98.1	佐賀	2,681	3,193	79.9
福井	3,127	3,935	98.5	長崎	4,393	3,145	78.7
山梨	3,130	3,694	92.5	熊本	5,566	3,090	77.3
長野	7,752	3,654	91.4	大分	4,182	3,549	88.8
岐阜	7,120	3,471	86.9	宮崎	3,606	3,218	80.5
静岡	15,876	4,264	106.7	鹿児島	5,287	3,148	78.8
愛知	35,448	4,763	119.2	沖縄	3,882	2,743	68.7
三重	7,689	4,194	105.0	合計	508,646	3,996	100.0

（出所）内閣府データより筆者作成

的に見れば、ロンドンという国際都市には外から人がたくさん流入します。そのような首都の特殊要因が、高い生産性に結びついているのです。観光ひとつをとっても、ロンドンは世界の外国人観光客数ランキングでいつもトップの位置にあります。

ならば、同じく「国際都市」を掲げる日本の東京はどうかというと、意外にも首都の優位性はあまり大きくありません。2014年度の1人あたり県民所得を見てみても、東京都は450万円で全国平均の147・1%にすぎません。また、1人あたり総生産は約700万円で、全国平均の約400万円の175・2%です（図表9-6）。ちなみに、ロンドンはイギリスの平均の3・01倍もあります。

ロンドンの1000万円と比べても、東京の生産性は決して高いとは言えません。よく生産性の議論になると、利益追求型社会のアメリカには劣る部分はあるが、ヨーロッパには勝っている、と考えている方がいますが、それも絶対額で勝っていた時代を引きずった先入観です。国別の1人あたりGDPという生産性はもちろん、実は首都という視点で見てみても、東京はヨーロッパの水準にも到達していないというのが現実なのです。

地方の格差問題を考える

ここまでの分析で、ひとつの方向性が見えてきました。

それは、日本の生産性を上げていくには、やはり首都・東京がもっと頑張っていくべきということです。生産性を上げて、所得を稼いで、税金を払って、規模の経済を活かして、国を豊かにしなくてはいけないのです。

そう言うと、地方との格差がさらに広がって一極集中が進行する云々と主張される方がいますが、首都が国の生産性の礎となっているのは明らかですので、その足を引っ張るのではなく、地方も生産性を上げていく努力をすべきでしょう。

それを端的に表現した言葉が、サッチャー首相の名演説の中にあります。

「低所得者層が次第に貧困になっても、格差をなくしたいという野党の政策は正しくありません。格差が多少広がることになっても、低所得者層の所得を上げていく、ということが政府の腕の見せどころでしょう」

それには、第8章で見たように格差問題の緩和策を政府が実行すればいいだけの話ですが、それも東京が稼がないと地方に回すお金がなくなりますので、実行することもできません。

政策目標は「上場企業の時価総額」

では、どのように東京の生産性を上げていくべきでしょうか。東京の生産性は、首都に集中している大企業、上場企業などの影響が大きいことは言うまでもありません。まずはこのあたりの生産性をどれだけ上げることができるのかがカギとなってきます。もちろん、そこには本書で非効率さを指摘してきたメガバンクなども含まれます。

この点について安倍政権では、賃金の引き上げと資本金の活用を訴えています。しかし、日本の経営者が動いていないのは事実ですし、そう簡単には動かないでしょう。先述したように、経営者には生産性を上げるインセンティブはありません。生産性を上げるための改革は非常に手間がかかり、多くの反発も出て、面倒なものです。しかし生産性を上げても、今の制度では経営者の給料は増えません。日本型資本主義の下では、株主からの攻撃もあまりありませんでした。そうであるなら、現状を変えずにいようという経営者が多いのも当然かもしれません。

しかし、国は生産性を上げてもらわないと困りますので、それを実行する効果的な方法を考えなければなりません。

私は、公的年金の活用こそが、この問題を解決するもっとも有効な手法だと考えています。

安倍政権になってから、公的年金は運用を見直し、株式の比率を高めてきました。現状では海外株が多いですが、国内株比率をもっと上げていくこともできるでしょう。ここで大切なポイントは、せっかくの公的年金の資金を、株を買い支えて株価を維持するために使ってはもったいないということです。

政府は、GPIF（年金積立金管理運用独立行政法人）のファンドマネジャーに対して、運用利回りを上げるようなプレッシャーを徹底的にかけていくべきです。そうすると、そのファンドマネジャーは年金を投資している各企業に対して、もっと時価総額を増やすようにプレッシャーをかけます。コスト削減や配当の引き上げだけでは株価は継続的には上がりませんので、拡大型経営戦略の下で積極的な投資を行うことによって株価を上げる努力を強制するのです。

海外では、株式市場の動向とその後の設備投資や生産性の動向との間に強い相関関係があることは常識で、その効果は証明されています。経営戦略によって株価を上げさせると、GDPの改善につながることが確認されています。つまり、「時価総額を上げろ」とプレッシャーをかけることで、経営者に生産性を高める改革と投資を促し、1社1社の努力の結果によって

ＧＤＰを押し上げられるということです。

株価と設備投資の関係を示す4つの理論

株価と設備投資の関係については、大きく4つの理論がありますので、それをご紹介しましょう。

（1）受動的情報提供者仮説（Passive Informant Hypothesis）：株式市場は実は将来の設備投資などに影響を及ぼしていない。経営者は株式市場を無視して自分で投資行動などを決めているという仮説。

（2）能動的情報提供者仮説（Active Informant Hypothesis）：経営者は株式市場との対話によって、設備投資判断のために使う一定の情報を得ているという仮説。

（3）資金調達仮説（Financing Hypothesis）：株価が上がると資金調達がやりやすくなり、設備投資などが増えるという仮説。

（4）株式市場プレッシャー仮説（Stock Market Pressure Hypothesis）：経営者には株価を上げないとその職を失うというプレッシャーがかかっているため、市場と対話して、株価を上げるための投資を行うという仮説。

（1）の仮説以外は、何らかの理由で経営者の行動と株式市場には関係があるとしています。

1990年以降の日本の株式市場は、先進国の中でもっとも上がっていない相場です（図表9－7）。世界全体の時価総額と日本の時価総額を比べると、日本の占めるシェアはどんどん縮小する一方です（図表9－8）。マイナス金利になっても資金調達をしないため、事業も拡大していません。たとえば観光戦略を政府が実行して、外国人観光客が5倍に増えるというきわめて明るい業界でも、大手企業はほとんど動いていないのです。

図表8－5にもありましたように、厳しい言い方をすれば、多くの経営者はあまりやる気がないように見えます。目標はあまり高くせず、少しずつ改善していけばいいと考えているようです。努力の量が最低限ですむように、挑戦的な経営戦略を立てていません。自分の分だけ稼いでいればよいのでしょう。「国益」などということを考えているようには見えません。

多かれ少なかれ、この考え方は日本人全般に見られるのではないでしょうか。必要最低限の収入さえあれば、なぜそれ以上頑張って稼がなくてはならないのか。潜在能力をフルに発揮しなければならないという意識は希薄だと思います。

これは、ある意味で非常に合理的です。たしかに、経営者には「国益」などを考える義務は

図表**9-7**　各国の株式市場時価総額の伸び率（1990～2015年）

	1990年（100万ドル）	2015年（100万ドル）	伸び率（%）
香港	83,386	3,184,874	3,719.4
イスラエル	8,274	243,904	2,847.9
シンガポール	34,269	639,956	1,767.5
タイ	20,454	348,798	1,605.3
韓国	110,301	1,231,200	1,016.2
オーストラリア	107,936	1,187,083	999.8
メキシコ	41,050	402,253	879.9
スイス	157,635	1,519,323	863.8
ニュージーランド	8,824	74,351	742.6
アメリカ	3,093,449	25,607,540	727.8
マレーシア	47,869	382,977	700.1
ノルウェー	26,130	193,896	642.0
フランス	311,687	2,088,317	570.0
ベルギー	65,449	414,556	533.4
オランダ	119,825	728,486	508.0
ドイツ	355,311	1,715,800	382.9
ルクセンブルク	10,456	47,131	350.8
オーストリア	26,320	96,079	265.0
カナダ	458,679	1,593,399	247.4
スペイン	309,414	787,192	154.4
日本	**2,928,534**	**4,894,919**	**67.1**
世界	9,568,306	61,781,129	545.7
国連	9,142,918	43,056,062	370.9
高所得	9,318,449	47,946,932	414.5

（出所）世界銀行データより筆者作成

図表9-8　世界全体と日本の株式市場時価総額の推移

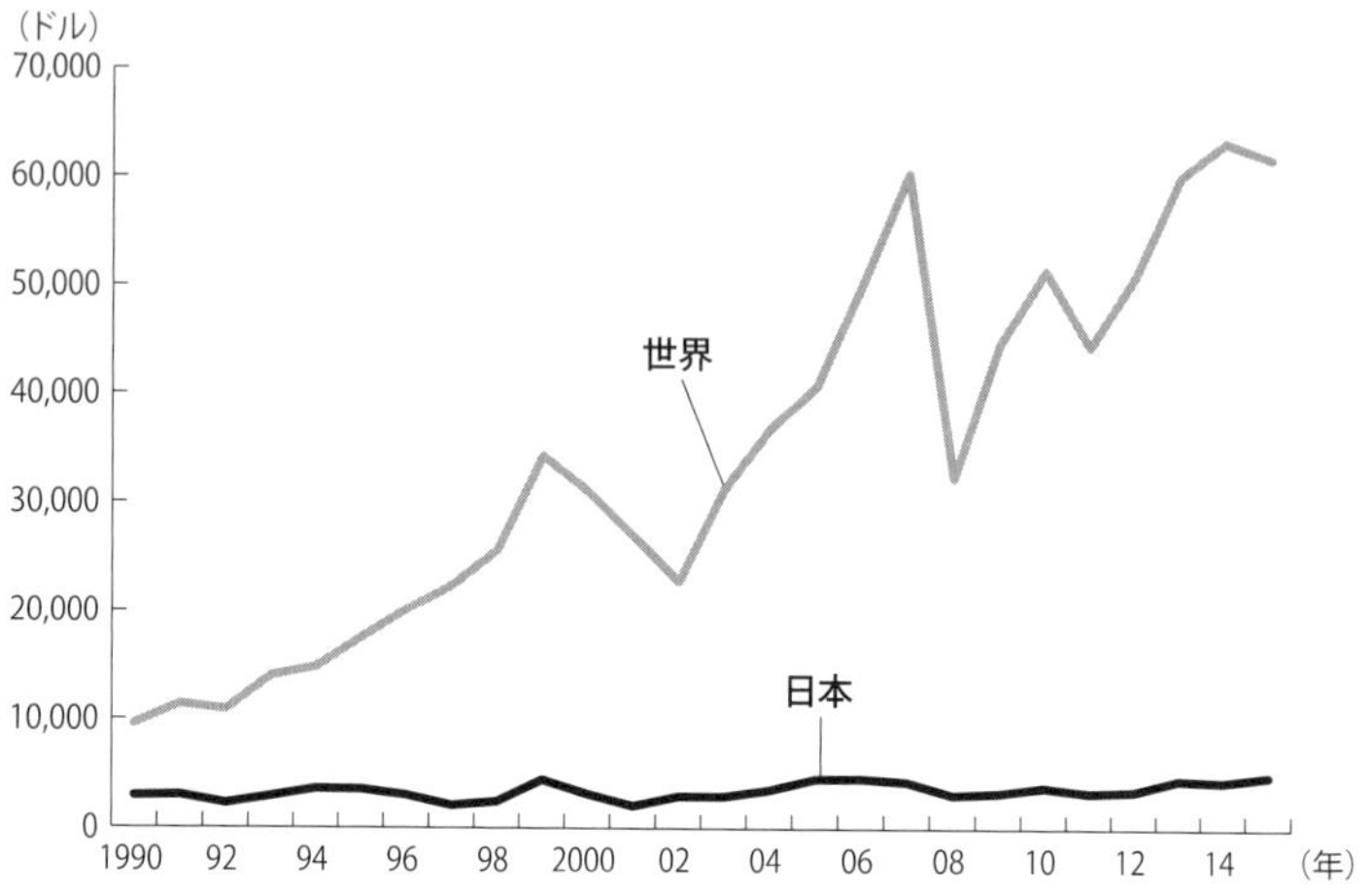

(出所) 世界銀行データより筆者作成

ありません。だからこそ、経営者に「国益」を意識してもらうためには、国家がプレッシャーをかける必要があるのです。それには、時価総額を上げるように求めていくしかありません。

かつては、時価総額を上げろと言われても、「日本型資本主義」を掲げて「数字がすべてではない」と主張すれば、日本の多くの経営者は実績のなさをごまかすことができました。マスコミにも守ってもらえました。都合のいいことに、これまで時価総額を上げろと言っていたのは外国人でしたので、陰謀説までもが口実に使えました。きわめてシニカルな見方をすれば、「日本型資本主義」というのは、経営者が政治家や霞が関の官僚、投資家、そして国民を騙すために用いた口実だった、と解釈することもできるのです。

日本政府は「株式市場プレッシャー仮説」を採用すべき

となると、日本政府はやはり、海外と国内の最大の違いであり、日本の経営者が徹底的に反発するであろう、この「株式市場プレッシャー仮説」を採用する価値が高いと思います。今までは経営者を株式市場から守る政策を政府が実施してきましたが、経営者を守ることによるメリットは何だったのでしょうか。貧困、国の借金問題、株価が上がらない、長期金利が低いことによる年金問題などで、政府、国民は何か得をしたでしょうか。政府が経営者に時価総額を上げるようなプレッシャーを与えることに、いかなるリスクがあるというのでしょうか。

そうした意味で、日本政府が企業に「時価総額を上げろ」というプレッシャーをかける政策は、きわめて重要だと考えています。これまでの分析をお読みになれば、日本企業の多くが、実は人口激増の恩恵という外部要因によって実績を上げて、株価を上げてきたという事実にお気づきでしょう。いや、株価を上げたというよりは、株価が上がってしまったと言うほうが正しいでしょう。経営努力をして実績を生み出したというより、多かれ少なかれ環境に恵まれていたことで、大きな苦労をすることなく成長してしまったという言い方もできるかもしれません。イギリスには「A rising tide lifts all boats」ということわざがあります。直訳すると「上げ潮は船をみんな持ち上げる」ということですが、1990年までの日本は、このことわざどおりの時代だったと言っても過言ではありません。「管理」はうまかったかもしれませんが、本当の意味の「経営」ではありませんでした。

だからこそ、1990年以降、日本経済全体を見れば、日本企業が実績を上げられず、GDPを伸ばせなかったという事実は重いのです。上げ潮が消えた後で、自力で実績を上げられなかったということは、厳しい見方をすれば「日本の経営は無能だった」と結論づけざるをえません。

現在の日本は外部要因である人口がマイナスの方向に働いていますので、上場企業にはなおさら賢い経営が求められています。それは一言で言えば、自力でGDPを上げていく経営です。

これからの時代は、GDPが自然に上がることは考えづらいので、上場企業自身が時価総額を増やしていかなければいけません。「株式市場プレッシャー仮説」のとおり、経営者はプレッシャーをかけられることで、経営戦略を拡大型に変えます。その1社1社の事業拡大の積み重ねによって、経営者がGDPを成長させるのです。実は、これこそがアベノミクスの真意です。

ちなみに、今の年金基金が国内株に投資している金額をベースにすると、この戦略を1990年から実行してこなかった機会損失は、単純計算で159兆円にものぼります。

安倍総理は、日本を脅かす「外圧」たれ

「プレッシャーをかける」という表現に敏感に反応し、「やはりそれは西洋型資本主義だ、日本型資本主義を破壊するな」と主張される方もいるかもしれません。しかし、そもそも資本主義には西洋も日本もありません。これまで述べてきたように、「日本型資本主義」と呼ばれるものは、実は戦後の人口激増時代が可能にした成長モデルにすぎません。時代の副産物を、普遍的な日本の制度だととらえるのは「妄想」であり、時代が変わっている中でいまだに日本型資本主義を主張するのは、「甘え」です。

一方、そのような方たちが主張される「西洋型資本主義」という経済モデルも、単に日本より先に人口増加という恩恵を受け、成熟した資本主義というだけの話であり、そこには西洋も東洋もありません。

また、この反論が破綻しているということは、日本が世界一のペースで高齢化していることからも明白です。他の先進国にもひけをとらない西洋で生まれた社会福祉制度を導入した以上、それを維持するためには莫大なお金が必要となってきます。西洋型だろうが日本型だろうが、お金を稼がなくてはいけません。

にもかかわらず、「利益ではない」「株価ではない」「生産性向上ばかりが道ではない」と経済成長の道を否定する経営者は、真実を覆い隠し、世の中を欺いているとしか言えません。もっと意地悪な見方をすれば、やるべきことをやらずに内部留保を貯めているのは、いずれ日本の社会システムが破綻することを予想して、自分たちだけが助かるための蓄財をしているようにも見えます。

そのような疑惑にさらに拍車をかけるのが、上場企業が最近やたらと配当を上げたり、優待券など株主の特典を増やしたりしていることです。これらは、経営者が本来あるべき実績を達成できていないことをごまかしているように私の目には映ります。生産性向上という根本的な改革に着手しないことを、大目に見てください、と言っているようなものなのです。

しかし、このような上場企業も、公的年金の運用利回りを上げていくという目的のために、資本金の活用、経営者の実績の向上、そして株価上昇を求め続けられれば、変わらざるを得なくなるはずです。もちろん、激しい抵抗は予想されますが、「外」から継続してプレッシャーをかけていけば、日本型資本主義云々という御託を並べる暇はなくなるはずです。

安倍政権は、本当にアベノミクスを成功させたいなら、日本人1人ひとりの生産性を上げる仕組みをつくらなければなりません。それにはある意味で皮肉なことに、日本の経営者がずっと否定し続けた「外圧」と同じ要求を、今度は日本政府自身が繰り返していくしかないと思います。

人口減少時代においては、政府はこれまでの「優しい」共存共栄の考え方を調整して、経営者などに対して「強権」を発動する必要があると考えています。

もっとも大切なのは経営者の意識を変えること

たとえば、前章で触れた銀行の窓口が3時に閉まるという問題を考えてみましょう。真正面から「生産性向上のため5時まで開けるべき」と主張しても、「日本型資本主義を壊すな」という激しい抵抗が予想されます。しかし、そのような主張をいったん脇に置き、株価を上げるように、もっと効率よく利益や売上を増やしていくようにプレッシャーをかけ続けていけば、「計算の質を維持するには、3時に窓口を閉めなくてはいけません」などという言い訳もできなくなります。

「プレッシャー」と言うと、日本では「利益を上げろ」「成果を出せ」と厳しく詰問されるイメージが強く、「いじめ」のように反射的な拒否反応を示す方もいますが、経済が正しく循環していくために必要な潤滑油であるという事実も受け入れるべきでしょう。

内部留保を活用していない企業に対しては、時価総額を上げるようなプレッシャーこそが潤滑油になります。人員整理をするより、今の体制でより多くの仕事をすることで時価総額を上げるように促せば、企業としては設備投資をするしかありません。「内部留保を吐き出せ」と口すっぱく言わずとも、否応なしに資本金を有効活用するようになるのです。それでもなお資本金を抱え込む企業があれば、「あまった資本金は株主のものなのだから返せ」という正論で迫ればいいのです。才能のある経営者が現れるまで、首を切らせたらいいのです。

そうすれば、ありとあらゆるところでイノベーションが起こります。とにもかくにも、あらゆるところで付加価値を高めて、売値を上げることが求められています。

ＩＴなどの活用はもちろんですが、ニューヨーク連銀が指摘するように、そのＩＴ投資を活かすためには組織、仕事のやり方、企業の数、人材の配分など、さまざまな改革に積極的に着手しなくてなりません。この分野は、今までは日本はあまり得意ではありませんでしたが、プレッシャーによって工夫ができるようになるでしょう。

そして、もっとも大きいのは経営者の意識改革です。生産性向上は、労働者が自ら進んで行うことではなく、間違いなく経営者がなすべきことです。

女性の活用、合併、統廃合、人材の再配分、仕事のやり方の変更、規制緩和など、日本企業が抱える問題に対し、経営者がデータサイエンスによる徹底的な分析をもとにして解決していくという意識が必要不可欠となります。

そのためには、まずはこれまでのような「組織はできるだけ変えない」という執着や、ＩＴ

全盛の時代にいまだに「経営はアートだ」などと言っている非論理的な考えを捨てるべきです。経営者は、人口減少時代というアゲインストに立ち向かうだけの聡明さを身につける必要があります。そのような意識改革のもと、政府がその調整や補助をすればいいのです。

このような意識・運営改革の中で一番肝心なことは、「日本型資本主義」という人口激増時代にできあがった、定義もない「神話」を捨てることだと思います。それには政府が経営者に、「改革できなければ首が飛ぶ」というプレッシャーを与え続ける以外に方法はないと思います。

経営者に生産性を上げるようなプレッシャーをかけると、リストラによって失業者が増えることを危惧する人もいるかと思います。しかし、短期的にはそうであっても、そもそも人が足りず、移民を増やすべきだと言われているくらいですから、中・長期的にはその心配は不要だと思います。

このやり方で、女性の収入問題も解決できる

あまり関係ないようなイメージもあるかもしれませんが、実は「プレッシャー」は企業の女性問題にも有効です。先述したように、日米の生産性のギャップの約半分は日本人女性の生産性・

収入の少なさによって説明できますので、きわめて重要な課題です。

たとえば、銀行の窓口業務を行っているのがほとんど女性行員だという事実からもわかるように、これまで日本企業において女性の潜在能力は明らかに過小評価され、労働力として有効活用されてきませんでした。

もちろん、女性には結婚や育児というライフイベントがありますので、男性のように組織内で責任を追及されるポジションにつきたくない人もいるという意見もあります。

ただ、それはあくまでひとつの事例にすぎません。やはり女性問題も、経営者にプレッシャーを与えれば解決できる部分もあります。

日本人女性の収入は、男性の約半分です。他の先進国の女性の収入が男性の約8割ですから、驚くほど少ないと言えます。

これは単純に女性の給料を上げれば解決できる問題ではありません。ニューヨーク連銀の分析では、この収入格差は同一の仕事に関してのものではありません。まったく同じ仕事をしているのに、女性がパートだから給料が安く、男性が正社員だから高いという話ではないのです。日本では、女性は非正規が多いとか、パートが多いというように、雇用形態にフォーカスをあてた議論が多いのですが、女性にパートや非正規が多いのはあくまで結果であって、問題の根幹は、企業側が女性の潜在能力を有効活用していないということにあるのです。

ではなぜ、女性の潜在能力を活用できていないのでしょうか。

女性の活用云々という話以前に、日本企業は、女性の潜在能力を引き出すほどの「プレッシャー」をかけてきませんでした。また、有効活用の方法を考えないといけないほどの「プレッシャー」を、政府や市場からかけられていません。この「プレッシャー」とは、女性役員の比率を上げるなどという次元の話ではありません。生産性の議論とまったく同じで、女性にそれなりの仕事を与え、生産性を高めていくというプレッシャーです。そうなると、必然的に賃金も上がっていきます。

女性ももっと国に貢献すべき

これは企業の女性問題を考える上で、決して忘れてはいけないポイントです。

現時点では、安倍総理は移民を増やす制度を導入するべきではありません。大変な社会的コストをともなう移民を迎えることによって、経営者はまた量の増加の恩恵を受け、生産性向上問題から逃げられます。今は少子高齢化に直面し、労働人口も減ってきています。そんな中で、移民を増やさないで、企業に効率よく利益を上げるよう「プレッシャー」をかければどうなるでしょうか。ここで単純に男性労働者の負担を高めるだけであれば、一時的に利益は上がっても、いずれは「ブラック企業」と厳しく批判され、かならず破綻をきたします。

そうなると、企業に残された道はひとつしかありません。それは、これまで過小評価してきた、労働者の半分たる女性たちのフル活用です。

事実として、生産性ランキング上位を占める国は、ほぼ例外なく女性の給料が高いという特徴があります。繰り返しになりますが、それはただ単に高いのではなく、それなりの仕事を与えて、それなりに生産性を高めて、その分が給料アップに結びついているということです。

日本でも最近、「保育所を増やせばいい」「女性の活躍の場が大事だ」という言説をよく見かけますが、そういう表面的な対策やかけ声だけではこの問題は解決できません。先ほどの銀行窓口業務と同じで、企業にいくら「女性を活躍させよ」と命じても、何も変わりません。「外」から時価総額を上げるようにプレッシャーをかけることで、企業が進んで女性を有効活用せざるをえない窮地に追い込むようにしなくてはいけないのです。そうすることで、保育所も初めて活かされます。

実際、女性の給料水準が男性に比べて高いデンマークは、国が小さいので常に窮地に陥っており、常にそれを乗り越える戦いを余儀なくされています。

また、女性をフル活用しているアメリカは、国全体がＲＯＥ至上主義なので、ある意味で常に自分たちで「窮地」という状況をつくり出し続けているとも言えます。これらの国から学ぶべきは、「女性の活躍が大事だ」という理念を掲げさえすれば、それが自動的に実現されるわけではないということです。利益を高めていくために女性をフル活用しなければいけないという状況に陥っていることが、結果として「女性が活躍する社会」をつくっているだけなのです。

アメリカが自らに課した「プレッシャー」をうまく活用しているのは、リーマンショックから回復して、株価がまた史上最高値を更新していることからも明らかでしょう。それと比較して、バブル期に隆盛を誇ったという過去の実績はすごくても、いまだに日経平均が低いままの日本企業が、これまでシビアな目標を設定してきたかといえば、甚だ疑問だと思わざるをえません。

現在のように、いくら株主への配当を手厚くしても、日経平均が継続的に上昇するとは思えません。政府による市場介入も焼け石に水でしょう。そう考えていくと、やはり企業に時価総額という「中身」で株価を上げてもらうしかありません。それは、政府が経営者にプレッシャーをかけるという道によってのみ実現されます。日本政府の政策は、あくまでも上場企業の時価総額が増加しているかどうかを基準にすべきです。客観的に見れば、ここまで実績を上げていない経営者は相当な数の日本人を貧困に追い込んでいるにもかかわらず、会社が買収されることも、首が飛ぶこともほとんどないのです。これは、あまりにも「甘い」のではないでしょうか。

また、新しい技術が生まれても、人口が減る中ではこれまでのような「共存共栄」は不可能です。国は生産性を基準にして、生産性の低い既存業者を犠牲にするような政策も必要になるでしょう。

お役所の生産性改革

上場企業への「プレッシャー」の重要性をわかっていただけると、おのずと最終章のテーマである改革の本丸が浮かび上がってきます。

それは日本政府です。

民間にプレッシャーをかけるのならば当然、自分たちもそれなりの実績がなくては説得力がありません。では、政府の実績はどうでしょう。政府の予算はＧＤＰに対する比率がかなり大きいのですが、霞が関が効率よく仕事をしているとはとても思えません。都道府県・市町村レベルになると、さらに効率の悪さが目立ちます。

この生産性の低さが、国全体の生産性にマイナスの影響を及ぼしていることを証明することは困難です。しかし、日本には「お役所仕事」という非効率な仕事のやり方を揶揄する言葉があるように、生産性の悪さは誰もが感じているというのも、紛れもない事実です。

やはり、上場企業にプレッシャーをかけていくには、政府をはじめとした役所全体の生産性向上も避けて通ることはできないのではないでしょうか。申請の仕方ひとつとっても効率が悪いですし、いまだにＩＴ化されていない書類なども、時間と人件費の無駄を生んでいます。また、データベース化されている情報であっても、毎回納税者に紙の書類の提出を求めるなど、二重、三重の仕事が目立ちます。

もちろん、日本は増え続ける社会保障費確保のため、さまざまな無駄を削る政策を長年続けてきたという意見もあるでしょう。たしかに、バブル崩壊後、当初は過剰な支出をとにかく削ることに力を注いできました。その政策は正しかったと思いますが、支出を削り続けたことで、本来は行わなくてはいけない投資ができていないという状況になってしまいました。もちろん、無条件に投資を増やしてはいけませんが、バブル後から続けてきた「支出削減」という政策が限界を迎えていることも事実です。

たしかに「無駄」の削減は絶対に必要です。

しかし、分野によっては、生産性向上を見据えた積極的な先行投資がどうしても必要です。特に、地方にはまだ設備投資が必要なのは明らかです。もちろん、それは豪華なコンサートホールのような箱物、地域振興券のようなバラマキではなく、民間を中心とした大規模投資、再開発を呼び込むための「先行投資」です。たとえば地方の観光ホテル、観光地の多言語対応、ガイドブックやネットによる観光情報の海外発信などです。

国は、先述した「強権」をもっと使っていく必要があります。生産性を犠牲にしている非効率部門への過剰な支援は、人口減少時代にはもはや機会損失ではなく、実際に国益に大きなマイナス効果を与えているからです。

「デフレ」は本質的な問題ではない

最後に、デフレについて言及しておきましょう。実は本書では、このテーマを意識して避けてきました。人口が減少すればかならずデフレになると主張される人がいることは存じ上げていますが、あえてそれを避けてきたのは、この言説がかなり疑わしいと思っているからです。

ひとつの根拠は、歴史です。これまでの経済史を振り返れば、人口が増加しているのにデフレになったケースもあれば、人口が減少しているのにインフレになったケースもあります。

デフレにはあまりにもさまざまな要因が絡むので断言できませんが、ひとつだけはっきりと言えるのは、人口が極端に減るときには、生産性を上げて給料が上がらないとデフレに陥りやすいということです。人が減っているときのほうが需要が減りやすく、デフレになりやすいというのは明白でしょう。

そこでも、やはりカギになってくるのは生産性です。

需要を増やすには、政府需要も大きな役割を果たしますが、それ以上に民間需要が重要です。若い人のワーキングプアがここまで増えている今、その需給ギャップを埋めるのにもっとも効果的なのは、やはり生産性を上げて給料を上げていくことです。人数が減っているときこそ、生産性を上げて給料を増やすことが必要です。それは裏を返せば、生産性を上げることができなければ、需要の減少に歯止めがかからず、よりデフレに陥る危険性が増すということでもあるのです。デフレと戦うためにも生産性向上が大切ですが、その他にもさまざまなプラス面が考えられるのは、本書を通して見てきた通りです。

「幸福度」という指標でも、日本は世界の中で順位を大きく落としています。国連による2016年の調査では、世界第50位にまで転落してしまいました。徐々に「不幸な国」になっているわけですが、この情勢は人口激減でさらに厳しくなっていくでしょう。

しかし、多くの日本人には案外その危機感がありません。GDPの世界ランキングに酔いしれ、それを自分たちが潜在能力を発揮した結果だと勘違いしているからでしょうか。

まずはこのような「妄想」から脱却し、意識を変えて現実を見つめることです。日本はまだ力を出し切っていません。それはつまり、やる気さえあれば、明るく素晴らしい未来が待っているということでもあるのです。

おわりに

　日本は戦後から１９９０年にかけて、特殊な経済情勢にありました。相対的な人口の激増にともなう高度経済成長時代を経て、その副産物として日本型資本主義論が誕生しました。この言葉は、諸外国で着実に実行され、成果をあげてきた経済学の常識は、この国には不要だとでも言いたげな、日本独自のルールを強調したものだと感じます。

　しかし、日本型資本主義を可能にした主たる要因は、あくまでも先進国の中でも異常と言える自国民の激増でした。

　日本型資本主義が人口増加に依存していたことは、１９９０年以降、人口の増加が止まった時点で日本の経済成長が止まってしまった事実からも明らかです。このことから、私は日本型資本主義を、人口激増が生んだ妄想だったと考えています。

　かたや、日本は成熟国家であるがゆえに、経済はもはや成長しづらい、世界に先立って経済成長のない時代を迎えたのだとも言われます。私はこの考え方も間違いだと考えています。

生産性が先進国並みで人口が減っているのであれば、たしかに日本は「成熟国家」と言えるでしょう。しかし、生産性が先進国最下位である以上、成熟国家ではありえません。

特に、日本の生産性がここまで低いことに、本質的な理由は存在しません。伸ばそうと思えば、まだまだ伸ばす余地は十分にあります。問題は、それを理解した上でどう実現させるかだけです。

私がこのタイミングで本書を出した理由はいくつかあります。

①観光戦略に関わり、眠っている多くの観光資源を活用することで、その経済効果が見事に発揮されていること。

②観光戦略を実現するには、データの分析と正しい潜在能力の認識が必要であったこと。

③アベノミクスで財政改善などの効果は出たが、成長戦略自体がなかなか実現できないのは、政府から企業経営者への伝達、意識の問題であることがわかったこと。

④1970年から日本の時価総額の増加率は大きく海外を上回ったが、長年の経済の低迷を受けて、その先行した蓄積はすべて消滅した。1970年から2015年までの日本株時価総額の増加率は3352・0%で、大手先進国平均の3774・5%に収斂したこと。

⑤それに加えて、貧困の問題、国の借金の問題、生産性の問題が深刻になってきたことで、

日本型資本主義はもはや今の時代に合わなくなり、まさに今、日本が方向転換をするタイミングが来ていること。

これらのことから、1990年で終焉したこれまでの経済制度を、今すぐ変える必要があると言えます。

そもそも、成長戦略を唱えて実現するのは企業経営者の役割ですが、政府がそれを語っているのは、日本企業には本当の意味の「経営者」が不在であることを物語っていると思います。

政府はここで資本主義の原点に戻って、国家として経営者にプレッシャーをかけて、経営者に成長戦略の実現を求めるよう、真剣に働きかけるべきです。どの先進国も株価に重点を置き、経営者に危機感をもたせ、GDPを効率よく成長させています。どの先進国も当たり前のようにやっている戦略を実施しないことで、日本の生産性だけがここまで悪化しているのです。日本型資本主義という妄想を捨て、失われた20年から脱却すべきときが来ているのではないでしょうか。西洋で生まれた福祉制度を導入したその時点で、日本には「西洋とは違う資本主義」などという選択肢はありえなくなったのです。

これまでは、この議論をすると「アメリカの株価至上主義には問題も多い」などという反論がわき起こりました。これは、「アメリカはやりすぎだから」とアメリカを否定して、何も行動しない自分たちを正当化する動きです。たしかに、アメリカが1990年から2015年までに達成した727・8%という時価総額増加率は異常です。そこまでやる必要はないかもしれません。しかし、アメリカがいきすぎだからといって、日本の67・1%という先進国最下位の数値を正当化することはできません。しかも、その増加にもっとも寄与しているのが為替レートとあればなおさらです。

日本は今、新しいことを否定し、変革に抵抗し、改革を唱える人と対立する動きに満ちています。このネガティブな労力を建設的な方向に向けさえすれば、この国はどれだけ素晴らしく、世界が息を呑むような国になるかと毎日のように思います。

生産性が世界第27位。本来、日本はこの程度の国ではないはずです。

タイミングとしては、今が日本の正念場です。幸いにも政権は安定していますから、生産性の向上を目指した政府の戦略的な対応に期待します。これが実現できれば、かならずや素晴らしい復活が待っています。それを信じて、このイギリス人アナリストの5冊にわたるシリーズを完結したいと思います。ありがとうございました。

【著者紹介】

デービッド・アトキンソン

小西美術工藝社代表取締役社長。奈良県立大学客員教授。三田証券社外取締役。元ゴールドマン・サックス金融調査室長。裏千家茶名「宗真」拝受。1965年、イギリス生まれ。オックスフォード大学「日本学」専攻。1992年にゴールドマン・サックス入社。日本の不良債権の実態を暴くレポートを発表し、注目を集める。1998年に同社managing director（取締役）、2006年にpartner（共同出資者）となるが、マネーゲームを達観するに至り、2007年に退社。同社での活動中、1999年に裏千家に入門。日本の伝統文化に親しみ、2006年には茶名「宗真」を拝受する。2009年、創立300年余りの国宝・重要文化財の補修を手掛ける小西美術工藝社に入社、取締役に就任。2010年に代表取締役会長、2011年に同会長兼社長に就任し、日本の伝統文化を守りつつ、旧習の縮図である伝統文化財をめぐる行政や業界の改革への提言を続けている。2015年から対外経済政策研究会委員、京都国際観光大使、2016年から明日の日本を支える観光ビジョン構想会議委員、行政改革推進会議歳出改革ワーキンググループ構成員、二条城特別顧問、日光市政策専門委員などを務める。著書にベストセラー『デービッド・アトキンソン　新・観光立国論』（山本七平賞、不動産協会賞受賞）『国宝消滅』（共に東洋経済新報社）、『イギリス人アナリスト　日本の国宝を守る』『イギリス人アナリストだからわかった日本の「強み」「弱み」』（共に講談社＋α新書）などがある。

デービッド・アトキンソン　新・所得倍増論
潜在能力を活かせない「日本病」の正体と処方箋

2016年12月22日　第1刷発行
2017年 1月 5日　第2刷発行

著　者――デービッド・アトキンソン
発行者――山縣裕一郎
発行所――東洋経済新報社
〒103-8345　東京都中央区日本橋本石町 1-2-1
電話＝東洋経済コールセンター　03(5605)7021
http://toyokeizai.net/

装　丁…………石間　淳
DTP…………アイランドコレクション
編集協力………窪田順生
印刷・製本……図書印刷
編集担当………桑原哲也
©2016 David Atkinson　Printed in Japan　ISBN 978-4-492-39635-3

本書のコピー、スキャン、デジタル化等の無断複製は、著作権法上での例外である私的利用を除き禁じられています。本書を代行業者等の第三者に依頼してコピー、スキャンやデジタル化することは、たとえ個人や家庭内での利用であっても一切認められておりません。
落丁・乱丁本はお取替えいたします。

東洋経済新報社の好評既刊

デービッド・アトキンソン

新・観光立国論

イギリス人アナリストが提言する
21世紀の「所得倍増計画」

外国人観光客
8200万人、
GDP成長率8%!

日本の
進むべき
道がここに
ある!

デービッド・アトキンソン著
四六判並製 280ページ
定価（本体1500円+税）

「山本七平賞」受賞
（2015年）

養老孟司氏推薦